嶺南
風土叢書

潮汕風物談

彭世獎 著

中華書局

目　錄

二、風景文物

三、特式工藝

四、經濟物產

五、娛樂藝術

六、地道飲食

七、歲時風俗

序

潮州是粵東古郡，如從漢武帝元鼎元年（公元前 111 年）設南海郡揭陽縣起算，潮州的歷史已有兩千餘年之久。

潮州大概在梁武帝普通四年（523 年）以前，分別隸屬於廣州義安郡、東揚州義安郡、瀛州義安郡。自隋文帝開皇九年（一說開皇十一年），即 589 年分循置州，潮州之名由此而始。其治所在海陽（今潮安縣），轄屬範圍相當今廣東之平遠、梅縣、豐順、普寧、惠來以東的地區。元朝改路，稱「潮州路」。從明太祖洪武二年（1369 年）起改府，稱「潮州府」。直至民國初年廢「府」為「道」，稱「潮循道」，也叫「潮州安撫使」「潮州軍務督辦」等等。1949 年以後，分別稱為「潮汕專區」「粵東行政區」「汕頭地區行政公署」等等。而今常言之

「潮汕地區」是對粵東之泛稱，實際上包括了汕頭市、潮州市和揭陽市所管轄範圍的所有縣市，其總面積約一萬多平方公里，人口約 1365 萬（2021 年統計數）。

從地圖上看，潮汕地區位於廣東省東部沿海，跨東經 115°至 117°9′，北緯 22°54′ 至 24°14′。其東部連接福建省的閩南地區，西部與汕尾市接壤，北與梅州市交界，南邊瀕臨浩淼之南海，其海岸線長達 200 多公里。境內有鳳凰山、大南山、大北山，江河有韓江、榕江、練江及由其沖積而成的潮汕平原。這裏土地肥沃，氣候溫和，水利發達，是廣東農業高產區，有「廣東穀倉」之稱。此外還盛產各種經濟作物及海味，其傳統工藝產品也很著名，真可謂「地饒物阜」。

潮汕，在秦漢之前開發較晚，被稱之「南蠻瘴地」。自唐宋以後，發展迅速，故有「潮州文物之富，始於唐而盛於宋」之說，楊万里更有詩云：「昔日潮州底處所，如今風物冠南方」。此種說法，並非虛言。事實上，從唐代開始之潮汕文教，經常袞、韓愈等學士敷揚而漸興；其經濟，經李宿、李德裕、陳堯佐、丁允元等名臣倡導而日旺。因此，潮汕在歷史的長河裏，沉澱着豐厚的人文文化積層，留存下大批珍貴的遺跡遺物。

筆者曾兩次到潮州對其歷史文化進行考察，並參與古窯址、古墓的發掘整理，對潮汕之人文文化留下了深刻的印象。諸如廣濟門城樓、湘子橋、開元寺、韓文公祠、鳳凰塔以及潮州西湖之摩崖石刻、筆架山麓之宋代窯址等名勝古跡，還有潮汕之刺繡、木雕、石雕、陶瓷、剪紙等傳統工藝早負盛名，為世人所共識。至於潮汕的飲食，更是獨具特色，有「潮州佳餚甲天下」之美譽。總之，歷逾兩千年滄海桑田之潮汕，無論在物質或精神方面，都形成其自我的獨特風貌，此謂之「潮汕文化」。

然而，隨着人類的文明與進步，那些古老的文化，有些將被人們淡忘，有些將在高科技的大潮中逐漸消失。但是，作為潮汕文化之「根」的那些本土優秀傳統文化，不但不會消失，而且仍有強大的生命力，今天還應大力弘揚，使之「古為今用」；即使是那些有明顯陳腐意識和迷信思想的習俗，作為一個歷史時期的文化現象，也還需要加以蒐集整理，使之成為「活化石」，讓今人去鑒別它、去認識它，我想這對於窺察過去，瞻望未來是不無作用的。

本書著者彭世獎先生專事史學，尤其對中國農業史方面研究卓有成效，他從史學和農學角度去觀察潮汕風物，確是獨具慧眼。著者花費了近兩年的時間，瀏覽大量的地方史志，並蒐集了大批民間文化素材進行梳理，熔風俗文化與歷史文物於一爐，匯鄉土文化與科學技術於一體。這部書的問世，我以為定會受到海內外讀者之歡迎，尤其會受到潮汕裔讀者之喜愛。

韓伯泉

前　言

潮汕地區帶江面海，土地肥沃，交通便利，物產豐饒。雖然歷史上曾被視為「蠻荒之地」和罪臣的貶謫之所，但到宋代便有「海濱鄒魯」的美稱了。府城潮州市，風景秀麗，歷史悠久，文物豐富，是中國歷史文化名城之一。

在潮汕這塊肥沃的土地上，南來的漢族和當地的土著民族互相融合，取長補短，共同創造了獨特的潮汕文明，成為中華民族文化的重要組成部分。

這本小書採用夾敍夾議，以敍為主的形式寫成。內容包括了潮汕著名的歷史人物、名勝古跡、歷史名產和民間習俗。既有對歷史足跡的追索探求，又有關於民間習俗故事的敍述，其中有一些迷信色彩較濃的東西，因為考慮到它是歷史上的一種文化現象，所以還是把它保存下來了，切望讀者批判地閱讀。

本書在編寫過程中得到張壽祺、韓伯泉、莊義青等師友的鼓勵和支持，謹此深致謝忱！

水平所限，力不從心，錯漏之處，歡迎方家賜正。

一　人物軼事

1 韓愈功績

韓愈（768—824）字退之，唐代著名文學家、哲學家和政治家。河南河陽（今河南孟縣）人，自謂郡望昌黎，故又稱韓昌黎。貞元進士，曾任監察御史、國子博士、刑部侍郎等職，與柳宗元同為古文運動倡導者，向被尊為唐宋八大家之首。晚年，因為諫迎佛骨，得罪了唐憲宗，幸得宰相裴度等極力保奏，才倖免一死，而被遠貶潮州這個「蠻荒之地」。

從長安到潮州，號稱八千里，年邁路遙，艱辛可知，韓愈來潮時已有老死「邊陲」的思想準備。他在《左遷至藍關示姪孫湘》中說：

一封朝奏九重天，夕貶潮陽路八千。
欲為聖明除弊事，肯將衰朽惜殘年。

雲橫秦嶺家何在？雪擁藍關馬不前。
知汝遠來應有意，好收吾骨瘴江邊。

但他並沒有因此而心灰意懶，相反，他到潮州後，積極為民興利除害，為潮州人民辦了不少好事，對潮州文明的發展產生了積極的影響，這也是韓愈令人敬佩的地方。

韓愈一貫重視教育，著有《師說》一篇，專論為師之道。提出了「人非生而知之者」「弟子不必不如師，師不必賢於弟子」等合理主張。他到潮州後，非常重視興學育才，「首置鄉校，延趙德為師，捐俸百千為舉本，收其贏餘給學生廚饌費。自是潮篤於文行」（嘉靖《潮州府志》）。韓愈不僅慷慨解囊，把自己有限的薪俸拿一部分出來辦學，而且在選擇師資方面也十分慎重。他之所以選趙德為鄉校師，是因為他了解到趙德「沉雅專靜，頗通經，有文章，能知先王之道，論說且排異端而宗孔氏」（《請置鄉校牒》）。由於韓愈的倡導，潮州文化教育事業發展迅速，到宋代已有「嶺海名邦」的美譽。韓祠石刻中稱韓愈為「吾潮導師」，良不誣也。

傳說韓愈來潮時，曾經帶着家人經過訪問嶺，向正

韓文公祠

在割草的老漢詢問潮州人民的生活狀況。老漢回答說：「田園遭水災，百姓遭鱷魚，生活怎麼好得了？」韓愈問水災有多重，鱷魚有多大？老漢說：「鱷魚大如船，水來田園荒。」韓愈聽後一一記在心上，未曾上任便暗下決心要治好鱷魚和水患。

其實，在韓愈貶潮之前，他已到過嶺南兩次：第一次是在唐代宗大曆十二年（777），因他的哥哥韓會受黨禍牽連，由起居舍人貶為韶州刺史，他隨其兄到過韶州，當時他才十歲；第二次是在唐德宗貞元十九年（803），因為上疏反映京畿各縣天旱人飢，應當停徵賦稅，而從監察御史被貶為連州陽山縣令，時年三十六歲。故而韓愈對嶺南的情況，包括潮州的情況，還是比較了解的。

韓文公祠前面石牌坊上有副楹聯寫道：

佛骨謫來，嶺海因而增重，
鱷魚徙去，江河自此澄清。

事實上，韓江的鱷魚並沒有因為韓愈的致祭而徙往南海，但韓愈祭鱷確是膾炙人口、深得人心的舉動。儘管採用的形式帶有迷信色彩，但韓愈到潮州後僅一个月，便採取這種除害安民的措施，也能表明他了解民情，關心民瘼，急人民所急的一片誠心。

除祭鱷魚外，韓愈還寫過《祭大湖神文》《祭城隍文》《祭界石神文》《祭止雨文》等祭神文章，從形式上看都帶有迷信色彩；從內容分析，都是與人民生活休戚相關的大事，可說是韓愈關切人民疾苦的一種表現。

韓愈又曾領導潮州人民興建水利工程。其一是在城北竹篙山至鳳城驛間，修了一道長約 700 丈的堤防，把西湖與惡溪隔斷，既可防止鱷鱼進入西湖為害，又能防洪排澇，保護農田和人民生命財產的安全。其二是在今潮州磷溪鎮金沙溪處，修築了龍門關，築墩設閘，以備蓄泄，使水害變為水利。

在潮州民間，至今仍流傳着韓愈走馬牽山的傳說：韓愈到任後，適逢暴雨成災，山洪四溢，一片汪洋。韓愈親臨視察，認定必須截住從北面洶湧而來的山洪，才能根絕水患，於是便下決心築堤防洪。他騎着駿馬來到城北，勘察了地形和水勢，吩咐隨從張千、李萬緊隨馬後，每隔數尺便插上一根竹竿作為堤線。堤線插好了，韓愈通知百姓築堤。百姓聞風而動，踴躍趕來參加。不料標竿標出的堤線已經變成連綿不斷的山脈，擋住了北來的洪水，這座山脈就叫做「竹竿山」。從此這裏便再也沒有山洪為患了。

韓愈在潮期間，還極力反對販賣人口為奴的陋習，並設法用「計庸免之」或贖而「赦之」，使他們獲得自由。

韓愈不僅在潮州辦了許多好事，而且還給潮州人留下了豐富的文化遺產。潮人趙德編有《昌黎文錄》，收載韓文七十二篇。西湖景韓亭內嵌有韓愈手書的王維《白鸚鵡賦》，筆法遒勁，神姿飛動，是極難得的韓愈墨跡（不過亦有人懷疑其真實性），據說日本出版的《書道》曾予收載，誠為稀世之珍。

韓愈逝世以後，潮州不少地方官和潮籍的有志之士，都以韓愈為立身處事的榜樣，如陳堯佐、王滌、王司業等都是「平生子韓子」的人物。蘇東坡稱王滌「來守是邦，凡所以養士治民者，一以昌黎為師」。足見韓愈影響之大，感人之深。

闢佛累千言，雪冷藍關，從此儒風開海嶠，
到官才八月，潮平鱷渚，於今香火遍瀛洲。

韓祠中的這副楹聯大體上概括了韓愈來潮的事實、功績和影響。潮州人民為了紀念韓愈的功績，除了立祠致祭外，大致在宋代開始便把惡溪改名為韓江，把筆架山改稱韓山，把橡木改稱韓木。確如宋代蘇軾所說，是「信之深，思之至」了。

2 韓愈治鱷小史

潮州惡溪（即今韓江）古時多鱷魚，食民畜產，甚至害人性命，成為沿江人民一大禍害。韓愈貶刺潮州，途經粵北樂昌時，瀧頭小吏便告訴他：潮州「鱷魚大如船，牙眼怖殺儂」。說明鱷魚為害，早已風聞遐邇。

韓愈到潮州後還不到一個月，便劏豬殺羊，設壇祭鱷。韓愈因諫迎佛骨而被貶潮州，他本人是並不迷信的。相反，他認為「冥頑不靈，而為民物獸者皆可殺」，所以他祭鱷時還與鱷魚約定：「盡三日，其率醜類南徙於海，⋯⋯三日不能，至五日；五日不能，至七日」，如果七日還不走，便要派人「操強弓毒矢，以與鱷魚從事，必盡殺乃止」。這簡直是最後通牒了，哪裏還有一點兒祭祀的味道？

韓愈此舉，大概出於兩個原因，其一是當時人們對鱷魚仍存有畏懼心理，把牠視為神物，不敢輕易得罪，韓愈也只好先禮後兵，以順民意；其二是當時還沒有行之有效的除鱷方法，韓愈為了表示他對此事的重視和關切，只能鄭重其事，做作一番了。清代文學家蒲松齡也曾有過類似的舉動：一方面「醮酒楮錠，致禱於蜚神」；另一方面卻警告蜚蟲（按：即蝽象）如果致祭之後，還不「率爾子孫，刻期遠避」，便要敦請上天神靈「縛臭神，問臭罪，夷臭黨，剿臭類，舉族全誅，霆擊糜碎！」（《祭蜚蟲文》）表面看來似屬兒戲，實則是因為

「鄉人無告」，請他「為文以祭之」。

韓愈祭鱷也是事出有因而未可厚非的，但《唐書》作者對祭鱷的效果卻誇大說：「呪呪夕，有暴風雷起於湫中，數日，湫中盡涸，徙於舊湫西六十里，自是潮人無鱷患。」這當然是無稽之談。據劉恂《嶺表錄異》記載，韓愈祭鱷後二十九年，李德裕貶官潮州，途經鱷魚灘時，舟船損壞，所帶圖書、古玩、圖畫，沉失水中，遂命船上家奴撈取，「但見鱷魚極多，不敢輒近，乃是鱷魚之窟宅也」。可見韓愈並沒有把鱷魚祭走。儘管如此，韓愈祭鱷還是有意義的：一方面表明了他關心民間疾苦；另一方面他代表潮州人民，首次向鱷魚提出了警

祭鱷台

告和挑戰。

祭鱷不能解決問題，與鱷魚的鬥爭也一直沒有停止。到了北宋初年，潮州人民已用施釣的方法治鱷。據沈括《夢溪筆談》記載，施釣的方法是：先設釣鈎於豬身內，把豬放在行筏上，然後把竹筏放進溪流施釣，貪婪的鱷魚，見豬即吞，吞則即為所釣。宋初王舉直知潮州時，即曾用此方法，「釣得一鱷，其大如船」，並為之圖畫作序，描述其形狀、色澤和生活習性，廣為宣傳。

釣鱷雖然比祭鱷有進步，但在眾多鱷魚面前，效果畢竟很有限，鱷患仍然時有發生。北宋咸平二年（999），陳堯佐被貶潮州為通判，他聽聞韓江留隍地段（豐順縣境），有一張姓婦人和年方十六的兒子在江岸洗東西，不幸兒子被鱷魚捲入江中吃掉，老婦人悲痛欲絕。陳通判決心為民除害，即命二吏率眾捕捉，他們「拿小舟，操巨網，以百夫曳之出，鳴鼓於市，為之告而戳之」，真是大快人心！

大概到了明朝初年，侍郎夏元吉，曾組織殲鱷的大戰役。據《潮州志》記載，他曾動員五百艘漁舟，舟上滿載礦灰，以鼓為令，「聞鼓聲，漁人齊覆其舟，奔竄遠避，少頃，如山崩，龍戰至暮，寂然無聲，鱷魚種類皆死於海濱，其類乃殲矣，自是潮無鱷魚」。所載礦灰，不知為何物。估計可能是生石灰，固為石灰有毒，可以用來毒鱷魚；同時生石灰入水後會起化學作用變為熟石灰，變化過程中會發熱，並釋放出大量二氧化碳，所以會產生有如「山崩」的景象。

「自是潮無鱷魚」也不假，因為自此以後，再不見鱷魚為害的記載了，但這並不能完全歸功於夏元吉的藥鱷戰役。因為隨着韓江口的不斷淤積成陸，和潮州人口的不斷增加，明清時期潮州附近的地貌已發生了很大的變化，韓愈所說「州南近界，漲海連天」的景象已不復見，賈島詩中「海浸城根老樹秋」的「海浸」，也不會浸到城根來了。昔日「聚沙彌望，四無人居」的地方，已變為千頃良田。生態環境變化了，這些「食民畜產」的醜類，也只好不祭自徙了。

3 宋朝宰相陳堯佐

古代的潮州，地處邊陲，交通不便，常被中原人士目為「蠻荒邊鄙」，歷代皇帝也把它作為流放、貶謫罪臣的地方。僅唐宋兩代被貶來潮或因抗禦外敵轉戰來潮的宰相便有十位之多，他們是唐代的常袞、李宗閔、楊復嗣、李德裕，和宋代的陳堯佐、趙鼎、吳潛、文天祥、陸秀夫和張世傑。這些人都有很高的文化素養，有的還具有凜然正氣和高風亮節。他們來潮以後，雖然建樹和影響各有不同，但在傳播中原文化，促進潮州文明發展方面，都有過不同程度的貢獻。潮州人民為了紀念他們的功績，在府前街立了一座「十相留聲」的石牌坊，還曾在鳳凰洲上建造一座「十相祠」。

陳堯佐（963—1044）字希元，自號知余子，四川閬中人。自幼好學，富貴以後仍然讀書不輟。善古隸，點畫肥重，人稱「堆墨書」。著有《愚立集》《遣興集》《野廬編》和《潮陽編》。他在貶潮以後才升任宰相，是十位來潮宰相中，到潮州貢獻最大的一位。

陳堯佐

北宋咸平二年

（999），陳虎佐因為言事切直，得罪了宋真宗，從開封推官貶為潮州通判。

陳氏到潮州後，以韓愈為榜樣，非常重視發展潮州的文化教育事業，「修孔子廟，作韓吏部祠，選潮民秀者勸以學」（乾隆《潮州府志》）。被譽為潮州「唐宋八賢」之一的許申和進士林從周、黃程等「皆為所獎引」（光緒《海陽縣志》卷三十五）。他建孔子廟和韓公祠，為潮州開創了立祠紀念前賢的先例，其目的是藉「以風示潮人」，給潮人樹立榜樣。自此以後，潮州相繼建立了「八賢祠」「賢守祠」「三侯祠」「十相祠」「二相祠」「名宦祠」等許多目的相同、性質相類的祠廟。正如潮州《三陽志・祠廟》所說：「繼是，邦人或因守、倅之美政足以感人心，寓公之高行足以激流俗，皆為立祠，以為後勸云。」對潮州的社會風尚影響殊深。此外，陳氏也和韓愈一樣，在潮州治過鱷害。他組織了百餘人，以巨網捕鱷，並鄭重其事地當眾宣讀了《戮鱷魚文》。與韓愈祭鱷相比，陳堯佐顯然已進了一步，他基本摒棄了迷信的東西，對捕獲的巨鱷也毫不客氣地「鳴鼓召吏，告以罪，戮而烹之。」

陳堯佐離潮回京後，累官參知政事、同平章事（相當於宰相），以太子太師致仕，可謂位極人臣。但他對潮州卻一直很有感情，潮州舉子趙京考取進士回家時他親自歡送，並曾書贈一首《送人登弟歸潮陽》詩：

休嗟城邑住天荒，已得仙枝耀故鄉。

從此方輿載人物，海濱鄒魯是潮陽。

因為這首詩，此後潮州便有了「海濱鄒魯」的美稱。潮州人民為了紀念他，把他列為名宦，並為他塑像紀念。

4 潮州賢才王大寶

王大寶，字元龜，海陽（今潮州）湯頭人，是「潮州八賢」之一（八賢指唐代的趙德和宋代的許申、張夔、劉允、林巽、王大寶、盧侗和吳復古），其先人從溫陵（今福建泉州市）遷潮州。南宋建炎二年（1128）廷試第二，高中榜眼，據說潮州太平路磚亭巷口原有一牌坊，上書「秋台」「榜眼」者，即為紀念王大寶而建。

王大寶曾任南雄州教授、樞密院計議、連州知州、袁州知州、禮部侍郎、諫議大夫、敷文閣直學士提舉太平興國宮、禮部尚書等職。生平不畏權貴，剛直不阿。對上直抒己見，不顧個人得失。尤為可貴的是當金兵南侵時，他力主抗戰，與湯思退等投降派針鋒相對。當湯思退提出罷督府，請議和的主張時，王大寶即上疏駁斥，力陳「今國事莫大於恢復，莫仇於金敵，莫難於攻守，莫審於用人」，認為若用思退之策，必將導致「患起蕭牆」的惡果。可惜宋孝宗沒有聽取他的意見，聽任湯思退罷督府，撤邊防，割四郡，求議和。終導致金兵得寸進尺，大舉南侵。在此緊急關頭，宋孝宗才開始醒悟，朝臣也以不用大寶之言為恨。以張觀為首的七十二名太學生聯名上書，論述湯思退等奸邪誤國，招致敵人，罪當斬首。最終，湯思退畏罪自盡。王大寶犯顏直諫，剛正不阿的作風，與當時另一大臣王十朋（字龜齡）齊名，人稱「二龜」或「二王」。

王大寶嫉惡如仇，在與投降派對抗的時候，他形同猛虎，人稱「王老虎」。不過，他對被謫來粵的抗戰派人物卻非常友好。宰相趙鼎因遭秦檜迫害，被貶潮州。剛好在家閒居的王大寶，日從趙鼎講《論語》，過往甚密。趙鼎歎道：「我被貶來潮，以前的好友都不敢來

王大寶

看我，您卻不怕連累，經常和我在一起，十分難得。」又說：「以往我曾聽人說過您的壞話，現在看來您並不是那號人，您想知道說您壞話的人是誰嗎？」大寶回答：「不必了！」於是趙鼎對他更為敬重。後來王大寶遷任連州知州，恰好抗金名將張浚也謫居連州。王大寶不避嫌疑，無懼牽連，教他的兒子張栻讀書，並常常賙濟他。

王大寶作地方官時，曾數次上疏請求減免地方上的不合理負擔。由此，民間也衍生了一則有趣的傳說——

有一次，皇帝問大寶：「潮州地方的風土民情怎麼樣？」

大寶回答說：「地瘦栽松柏，家貧子讀書。」

皇帝又問：「潮州最著名的特產是什麼？」

大寶答道：「是番薯！」

事後，大寶特地拿了一些不大好吃的番薯給皇帝品嚐。皇帝吃了一口，便連忙擺手說：「潮州番薯免進！潮州特產免進！」於是便免去了潮州人民奉獻貢品的負擔。[1] 據潮州《三陽志》記載，宋代潮州也確曾免去一些進貢項目。

潮籍狀元林大欽在《潮州八賢論》一文中說：當奸臣柄國之日，王大寶「志存恢復，不避彈劾之所加，其孤忠可謂凜然不屈矣！……其倡正直之風，張正義之氣，而扶持宋室光明正大之業者，其績實偉矣！」對王大寶作了很高的評價。

5 文天祥入潮遺事

南宋景炎三年（1278），民族英雄文天祥（1236—1282）曾在潮陽領導抗元，留下了不少可歌可泣、感人心肺的事跡和一些非凡的神話故事。

1　編者按：此處只可作為笑談。實際上，番薯乃自明代萬曆年間才傳入我國的。

跺石成花

汕頭市潮陽區海門灣中的蓮花峰，向有「天南第一峰」之稱，因巨石裂為數瓣，宛如一朵巨蓮盛開於碧海之濱而得名。

相傳文天祥初至潮陽，即登臨蓮花峰頂，遙望宋帝座舟，但見大海茫茫，帝舟無縱，心急如焚，猛力跺腳。不料腳一跺，腳下的峰石便變為綻開的石蓮花。自此以後，文人墨客慕名而來者絡繹不絕，弔古撫今，留下的詩文越積越多，蓮花峰上也逐漸變成「碑林」了。其中碑文大都與憑弔文天祥有關，如康熙年間潮陽縣令臧憲祖《弔文丞相》詩云：

丞相勤王到海涯，精忠踏碎石蓮花。
思扶幼主回天顧，致使孤臣痛日斜。
浩氣一腔吞巨浪，丹心萬古照寒沙。
成仁取義酬君父，讀史誰能不歎嗟！

作者謳歌了文天祥浩氣能吞巨浪，丹心永照寒沙的英雄本色，表達了後人對文天祥的無限懷念和景仰。今石壁上刻有「望帝」二字，是清代蔡國珍所書。今石壁旁立有：「望帝亭」，相傳是當年文天祥歇腳的地方。

汕頭蓮花峰

蓮花峰附近還有一個「芙蓉仙洞」，附近漁家婦女到此進香者不絕。相傳文天祥被害後，元朝朝廷不許民眾到蓮花峰祭弔，於是有人編了個「石縫裏有芙蓉仙子」的神話，以「拜芙蓉仙子」之名，行「祭文丞相」之實。不承想久而久之，卻弄假成真了。

雙忠廟前劍書碑

相傳文天祥到潮陽後，曾到東山進謁雙忠廟，因欽佩張巡、許遠忠君愛國、忠貞不屈的精神，故以劍鋒刻石，賦《沁園春・題潮陽雙忠廟》一首，歌曰：

> 為子死孝，為臣死忠，死又何妨？自光岳氣分，士無全節，君臣義缺，誰負剛腸？罵賊張巡，愛君許遠，留取名萬古香。後來者，無二公之操，百煉之鋼。　人生翕欻云亡，好烈烈轟轟做一場。使當時賣國，甘心降虜，受人唾罵，安得流芳？古廟幽沉，遺容儼雅，枯木寒鴉幾夕陽。郵亭下，有奸雄過此，仔細思量。

文天祥對張、許二公在安史之亂死守睢陽，為國捐軀的高風亮節，給予高度讚揚，並以此激勵將士，效法先賢！對於賣國奸雄，則正告其要「仔細思量」。詞意懇切昂揚，充分表現了作者的忠肝義膽。

相傳文天祥進謁雙忠廟時，除賦詞憑弔外，還殺馬致祭，酹酒禱告：「二公忠義炯炯，今日予蓋與二公同心者，公而許予忠義，願飲吾杯酒」。祝畢，果見杯酒自乾。於是便埋馬骨於墓側，這便是人們所說的「馬墓」，即今「文馬碣」。

題書「和平里」

當時強盜陳懿、劉興，叛附無常，為潮人大害。文天祥率眾討伐，屯兵於潮陽蠔坪。一天晚上，文天祥的兩個女兒出營舞劍於樹下，忘記取回掛在樹上的玉扇。次日清晨，鄉民看見，即取下送入宋營。時值兵荒馬亂之秋，潮人路不拾遺之舉，使文天祥深受感動，因取潮州話諧音，改「蠔坪」為「和平」，並題書「和平里」三字，書法蒼勁雄渾，元代將它鐫於石碑。清末丘逢甲作《和平里行》以頌此碑云：

南來未盡支天策，碧血丹心留片石。
壯哉里門有此觀，大書三字碑七尺。
字高二尺奇而雄，筆力直追顏魯公。
旁書九字廬陵某，過者千古懷孤忠。

現在該碑立於和平街道古橋頭，保留了文天祥的真跡。

為國捐軀

景炎三年十二月十五日，文天祥從潮陽移師海豐，強盜陳懿暗引元將張弘範偷襲潮陽，並遣輕騎追襲，文天祥四女監娘、五女奉娘戰死沙場。二十日午，文天祥部眾方飯於海豐五坡嶺，弘範兵突至，文天祥措手不及，接仗而敗。文天祥的部將劉子俊，被俘後自稱是文天祥，希圖蒙騙敵人，以掩護文天祥逃走，不幸為元兵識破，慘遭活烹。相傳當日元軍同時俘獲了三個自稱文天祥的人，文天祥受部屬擁戴，由此可見一斑。

後人為了紀念文天祥，於明代正德十年（1515）在當地建了一座孤忠祠，上書「一飯千秋」四字。祠內有「孤忠死節」等題刻，祠後有一座四柱石亭，亭內立一石碑，高二米，寬一米有餘，上刻文天祥的畫像。兩旁石柱所刻楹聯是：

熱血腔中只有宋，孤忠嶺外更何人。

這就是名聞遐邇的「方飯亭」。

文天祥有一子六女，其中一子和二女病故，二女被俘，存下的監娘、奉娘又在最後一戰中陣亡。文天祥在其《集杜詩之四・二女》中說：

癡女飢咬我，鬱沒一悲魂。

不得收骨肉，痛哭蒼煙根。

文天祥身為主帥，因軍糧奇缺，無法給女兒吃飽，女兒壯烈犧牲後又不能收屍埋骨，悲憤之情躍然紙上。正是山河破碎，妻女淪亡，只好訴諸筆墨，長歌當哭了。

文天祥被俘後堅貞不屈，張弘範無奈，只好於次年正月初六日，從水路祕密押解文天祥去崖山，令其作書招降張世傑。文天祥作《過零丁洋》詩一首回應：

辛苦遭逢起一經，干戈寥落四周星。
山河破碎風飄絮，身世浮沉雨打萍。
惶恐灘頭說惶恐，零丁洋裏歎零丁。
人生自古誰無死，留取丹心照汗青。

文天祥的光輝業績永垂青史，文天祥的愛國精神與日月同輝！

6 林大欽巧對楹聯

林大欽（1511—1546），字敬夫，潮州市金石鎮仙德村人。自幼家境貧寒，勤奮好學。十二歲那年便跟着父親來到潮州城。據說他在書店裏看到了蘇洵的《嘉祐集》，愛不釋手，反覆吟誦，以至後來他寫的文章也「絕似三蘇」。十八歲那年他父親去世，處境更加艱難，但仍努力攻讀，自己沒錢買書便向別人借閱。二十歲參加鄉試，考取了第六名舉人。據說巡按御史吳麟讀了他寫的《李綱十事》後，曾經大為讚賞，預言他「必大魁天下」。過了一年，林大欽果然高中狀元。由於他生於溪流環繞的小田村裏，所以有「水流牛屎塔，山兜出狀元」之說。

中狀元以後，林大欽曾在京城做了三年翰林院修撰。由於淡泊仕途，看不慣官場生活，後遂以奉養老母為由，辭歸故里，並在桑浦山室雲巖設壇講學。嘉靖二十四年林大欽之母去世，他悲慟萬分，次年，他本人也與世長辭，終年才 35 歲。後人為了紀念他，曾在他的故鄉仙德村興建了一座「狀元第」，由於年久失修，現僅殘存兩根大石柱和建築基址。

林大欽雖然享年不長，但留下的著作卻相當豐富，1942 年出版的《林東莆先生全集》二卷，收輯了他生前所寫的詩文。

林大欽才華橫溢，尤善撰聯。至今民間仍流傳着許

潮州牌坊街的狀元坊，專為明嘉靖壬辰科狀元林大欽而建

多林大欽巧對楹聯的故事，情節生動，妙趣橫生，文學價值也很高。雖然其真實程度如何已無從考究，但不妨把它看作是這位年輕狀元給後人留下的珍貴遺產。

林大欽乳名林大茂，早在唸私塾的時候，已經才華出眾，出口成章。有一次，私塾裏的葉先生看見花園豎起的竹架，便用「大茂」這個名字入對，以試大欽，聯云：

竹架蒲園，豈能為林大茂？

年紀尚幼的大茂，從容對曰：

梅花魁首，何曾從葉先生？

梅花的確是先花後葉，一點不錯。葉先生聽後讚歎不已，並建議他把「大茂」這個名字改為「大欽」。

林大欽十八歲中了秀才，鄰近的銀湖鄉民想請他去教書，但族長見他年輕，想試試他的才學以後再說。於是便以「銀湖院」入對，吟一上聯，讓林大欽作續。聯曰：

銀湖院後虎耳草

林大欽果然被難住了，只好垂頭喪氣地走回家。但當他途經金石鄉祠堂時，卻一眼瞥見祠堂前面的龍眼樹，生氣勃勃，花滿枝頭，頓時便悟出了對子。他連忙跑回村子找族長。族長見他興沖沖地折回頭，便笑着問道：「林秀才，是不是想出了佳句？」林大欽彬彬有禮地回答：「想出來了，是『金石祠前龍眼花』。」族長聽後非常滿意，於是便恭恭敬敬地請他為教師。

林大欽出身農村，與平民百姓也有文字來往。據說林大欽任教的私塾旁邊有一間打鐵舖子，打起鐵來「叮叮咚咚」，吵得其無法上課。林大欽無奈，只好硬着頭皮登門拜訪，希望能勸說他遷走。不料鐵匠早知他的來意，還沒等他開口，便搶先提出要他做對子，並且笑嘻嘻地說：「如果您對好了，我明天便搬家。如果您對不好，那就恕我無禮了，我還要繼續在此打鐵」。林大欽暗想：「這還難得倒我嗎？」便隨口應道：「請出上聯」，鐵匠指着屋裏的打鐵工具說：

錘子是鐵，砧子是鐵，火爐炊旺鐵打鐵。

出乎意料之外，林大欽對這類題材很生疏，竟一時對不上來，只好搔着腦袋往回走。鐵匠見他走了，便在背後喊道：「林秀才別着急，什麼時候想出對子來都行，老漢在此恭候！」

當晚適逢村子裏演戲，林大欽也去湊熱鬧。鑼鼓敲響了，演員粉墨登場，台下的人都伸長脖子往前擠。林大欽觸景生情，大叫「有了！有了！」他戲也不看，急忙跑去找鐵匠，告訴他對子的下聯是：

做戲者人，看戲者人，鑼鼓敲響人看人。

鐵匠聽後豎起拇指，哈哈大笑，答應次日天亮便遷走。從此，琅琅書聲代替了「叮叮咚咚」的打鐵聲。

又一次，林大欽要過獨木橋，恰好對岸有一樵伕挑柴而來，也要過橋。樵伕笑着對林大欽說：「我有半截對子，如果您對上了，便讓您先過來；如果您對不上，便請您讓我先過去吧！」林大欽尚未回答，他便指着自己肩上的柴擔吟道：

此木為柴山山出

樵伕此聯用了謎語中的拆字法，即「此」與「木」合成「柴」字，「山」與「山」疊成「出」字，難度較大。林大欽一時對不出來，只好閃在一邊，讓樵伕先過橋。就在此時，他忽然低頭看到橋下有清泉噴湧而出，眉頭一皺，句上心頭：

白水成泉夕夕多

樵伕得了佳句，笑嘻嘻地挑柴而去。

又一次，林大欽外出搭船，船工也出上聯求對，聯曰：

南船載西瓜，乘東風送入北港。

此聯糅合了「東西南北」四個方位詞，難度不小，但林大欽稍作思索便應道：

春盒盛冬筍，命夏蓮提往秋溪。

用「春夏秋冬」「東西南北」，十分巧妙，船工非常滿意。

翁萬達是與林大欽同時代的文武雙全的名人，他與林大欽是連襟兼密友，有關他們之間文字來往的故事也相當多。

據說二人初次見面是在孫員外的宴席上，當時已登進士的翁萬達，看見一個身穿綠色長衫的青年秀才坐於上座，心中不滿，便吟聯半截諷刺：

跳水蛤蟆穿綠襖

林大欽看見翁萬達穿着大紅袍，得意洋洋的樣子也不悅，恰好這時廚工端上一碗鮮蟹湯，他便藉此反脣相譏：

落湯螃蟹着紅袍

翁萬達指着桌上的海鮮又出一聯：

叉手蟹，鞠躬蝦，今日敢來陪進士。

林大欽望着大廳上的「龍鳳呈祥」錦畫，欣然應道：

揚爪龍，展翅鳳，他年要去侍至尊。

翁萬達暗自欽佩，但仍想再試一聯，於是又吟道：

林尾枝搖，鳥小毛稀，欲棲身還須用力。

林大欽隨口應道：

山兜水深，龍大角顯，未得志暫且藏形。

句中表達了他雖然身處山兜流水間，但胸懷大志，並不以眼前處境為慮的心境。

經過幾個回合的較量，翁萬達已心服口服，認為林大欽將來必成大器，於是便勸岳父把三姨嫁給他。從此而後，他們二人便成為連襟兼密友了。

林大欽不僅文章寫得好，而且也很有膽識。相傳他上京赴試，途經福建上杭縣時，當地百姓都說前面的白水漈常常鬧鬼，勸他晚上千萬不要經過白水漈，並且給他講述了一則故事。

故事說是從前有位南方舉人赴京考試，途經白水漈時觸景生情，擬出了半截上聯，甚為得意。但是下聯卻無論如何也想不出來，他冥思苦想，不慎失足，淹死水中。死後陰魂不散，每晚都在水裏唸那半截楹聯，嚇得來往客人都不敢在夜間通過，只好在附近的黃泥嶺投宿。林大欽一聽「黃泥嶺」三字，心中便有了底，大着膽子繼續前行。當他的小船來到白水漈時，只覺陰風陣陣，寒氣逼人，天是黑的，水也是黑的，船工們嚇得渾身發抖，不敢前行。忽然從遠處傳來一個聲音，林大欽側耳細聽，像是有人在水裏反覆吟誦：

白水漈頭，白屋白雞啼白晝！

聲音淒厲難聽，而且越來越近，像是專衝小船而來一樣，儘管林大欽早有準備，但仍不禁毛骨悚然。只好硬着頭皮，大聲答道：

黃泥壠口，黃家黃犬吠黃昏！

那鬼魂，聽罷林大欽的楹聯，長嘯一聲，便向遠處遁去。從此白水漈便平安無事了。

不僅林大欽本人撰聯的故事膾炙人口，有些從他所撰楹聯中衍生出來的故事，也常常令人興味盎然。相傳有位財主，為母祝壽，特聘一位秀才為其寫對聯。秀才建議寫一幅林大欽撰的楹聯：

天增歲月人增壽，春滿乾坤福滿堂。

那財主卻摸着自己的山羊鬍子說：「這副對聯好是好，但嫌美中有不足，如果改一個字，那就十全十美了。」

秀才問他應改哪個字？他說應把「人」字改為「母」字，即把上聯改成「天增歲月母增壽」。秀才見他不懂裝懂，便故意愚弄他說：「您改得很好，但這副對聯對仗工整，上聯改為『母』字，下聯就應改為『父』，即改為『春滿人間父滿堂』。」不料這財主聽後卻拍手叫好！直令秀才哭笑不得。

二　風景文物

1 湘橋今昔

湘子橋雄踞潮州城東門外韓江之上，是中國古代四大名橋之一（其他三橋為洛陽橋、趙州橋和盧溝橋）。全長 517 米，中間由十八條梭船連結而成的浮橋貫通，並把二十四個橋墩分為東西兩段。橋墩的巨石之間，鑿有卯榫互相契合，使其更為堅固。橋墩之間橫鋪着長約 13—15 米，寬約 1 米的巨大石樑，橋墩之上還建有望樓。其橋身之長、橋墩之大和造型之美均為中國古代橋樑建築中所罕見。

「湘橋春漲」向為「潮州八景」之一，每當暮春三月，桃花水汛時節，人們都喜歡到橋上翹首眺望，但見洪水從天際奔瀉而來，翻騰而去；春燕點點，翻飛戲波；橋墩激水，白浪蹈天，有如一羣羣白鷺躍樑。順流而望，老鴉洲形如一葉扁舟，出沒於驚濤駭浪之中。壯觀奇景，令人神往，故民謠中有「到潮不到橋，白白走一場」之句。

湘橋原名「廣濟橋」，始建於宋乾道七年（1171），由擔任潮州太守的曾汪（福州人）主持，在江心築起一座巨大的石墩，用大繩連結 86 隻大船，然後架舟為樑，建成溝通東西兩岸的第一座大橋。它實際上是一座浮橋，建成後三年，便被洪水沖垮。新任太守常禕主持了重建工作，把木船從 86 隻，增加到 106 隻，並於西岸建一座「仰韓閣」，素有「勢壓滕王閣，雄吞庾亮樓」之譽。隨後又有太守朱江、通判攝州事王正功等於西段增建三座石墩，並於墩上架木為樑，使橋下可通船筏，始無沖突浮樑之虞。

到了淳熙十六年（1189），太守丁允元（江蘇常州人）重修大橋時，又在西岸增築四墩，墩上蓋有亭閣，墩間也用巨木架樑，來往更加方便，人稱「丁公橋」。後來，太守陳宏規又在東岸築二橋墩，同樣架木樑蓋亭閣，並以「匯巨流，濟百川」之意，改名「濟川橋」。隨後，太守林標、林會、孫叔謹等又先後依樣增築 11 座橋墩，並逐步把木樑換為石樑。

在沒有起重機的古代，怎麼把巨大的石樑架在橋墩上？這的確是個難題。據說是用幾隻大船拴在一起運載石樑，等到水漲船高的時候，才將石樑架在墩上，其艱巨程度可想而知。

宣德十年（1435），橋墩被洪水沖垮，知府王源率眾重修，並增築橋墩五座，造舟二十有四為浮橋。因取「濟百粵之民，其功甚大」之意，更名為「廣濟橋」。同時還在橋上「立亭屋百二十六間，環以欄檻」，「又建高樓十二」，使古橋增輝生色，蔚為壯觀。弘治中（1488—1505）知府譚倫又增築一座橋墩，把梭船從二十四隻減為十八隻。前前後後經過三十多年的努力，終於建成具有「十八梭船二十四洲」的著名石橋。

湘子橋

崇禎十一年（1638），因橋上發生大火，以致「長虹中斷，百年樓閣一時俱燼」，從此再也看不到「幾里長橋幾里市」的繁華景象。雍正二年（1724），知府張自謙「鑄二鐵牛，列東西岸以鎮之」，牛身上還鑄有「鎮橋禦水」四字，以為這樣便可平安無事，不料一百多年後，即道光二十二年連鐵牛也被洪水沖走了一隻。

潮州湘橋好風流，十八梭船廿四洲。

廿四樓台廿四樣，二隻鐵牛一隻溜。

這首潮州民謠，具體而生動地描述了湘橋的風采和變遷。據統計，湘橋建成以後，八百多年間，先後重修了二十四次以上，充分體現了潮州人民堅毅不拔的精神。

1958年，為適應現代交通的需要，湘子橋改建成鋼筋水泥大橋，江心建起兩座高樁承台雙柱式橋墩，以代替十八梭船構成的浮橋，並在橋東建立仰韓亭，橋寬七米。1976年又把橋面加寬至十一米，中間通車，兩旁行人。1980年重鑄鐵牛一頭，把溜走了的鐵牛童又請了回來。

關於湘橋，在潮州人民中還流傳着一個美妙的神話故事：

據說造橋的人是韓愈的族姪韓湘子和法力無邊的廣濟和尚。韓湘子是八仙之一，為了造橋，他把其他七仙都一起請來了。

廣濟和尚負責西段工程，他來到桑浦山下，做起法力，把山上的石頭變成羔羊，並成羣結隊跟着他一起奔向潮州城。負責東段的八仙，則跑到鳳凰山取材，他們用仙術把石頭變成豬羣，每人各趕一羣奔向建橋工地。豈料「好事多磨」，仙佛也不能例外。八仙之一的李鐵枴，因為跛腳走在隊伍的最後，不幸碰上了穿麻帶孝的婦女在墳地上哭泣，他的仙法被這喪氣一沖，便失靈了，豬羣變成了一座小山，這就是後人說的豬山。

無獨有偶，對岸的廣濟和尚也出了問題，當他領着羊羣趕路的時候，有兩隻羔羊遠遠地落在後頭，他只好回去把牠們趕回來，不料卻有人大聲喝道「大膽和尚，竟敢偷我家羔羊！」廣濟和尚向他耐心解釋，可那貪心的財主哪裏肯聽抱起羔羊就往回跑，孰知霎時間天昏地暗，飛沙走石，那兩隻羔羊變成了兩座小山，把財主連同他的土地財產都一起壓在「烏羊山」下了。

丟了一羣豬和兩隻羊，石料便不夠用，橋建到江心，就再無石料了，怎麼辦呢？何仙姑急中生智，將手中的蓮花瓣拋向江心，立即變成十八隻梭船，但梭船沒有繩索繫縛，一直在江心打轉；廣濟和尚見了便拋下心愛的禪杖，禪杖變成粗大的古藤，把十八梭船串連為一座浮橋，在場的人無不喝彩歡呼！於是，潮州人民為了紀念建橋仙佛們的功績，便把大橋命名為「湘子橋」或「廣濟橋」。

這段神話故事，雖然是後人編造出來的，但也寄託着人們對造橋功臣的懷念與崇敬。

2 潮州西湖勝景

水色山光入畫圖，果然西子比西湖。

名區自足傳千古，管領何庸待大蘇。

——清・林大川《西湖題壁》

西湖，西接葫蘆山，山水相連，水碧山青，異巖層出，蔚為壯觀。唐代以前原為放生池，貞元三年（787），潮州刺史李宿曾在葫蘆山南巖建造「觀稼亭」，以示其對農業生產的重視。宋代以後才稱「西湖」，並在紹熙、嘉泰間對湖區做過多次整治。慶元五年（1199），潮州太守林嶸對西湖的大規模浚治，收到了良好效果。他認為，葫蘆山有山無湖是件憾事，於是便率眾治湖，割草挖污，擴展湖區，並於東西兩岸鑿石開山，修築湖堤，插柳植竹，橫架橋樑，還在湖濱建造了「放生」「湖平」「倒影」三亭。經過這次整治，西湖始成為風景秀麗的遊覽區。林嶸《重闢西湖》詩說：

> 鏡奩平處小橋西，橋外輕鷗掠鏡飛，
> 鑿破青雲放山出，撥開碧蘚引湖歸。
> 帶煙插柳陰雖瘦，趁雨栽荷綠已肥。
> 欲借禽魚祝君壽，君恩寬大此誠微。
> ……

這首詩刻於葫蘆山釣魚台的石壁上，成為當時治湖情景的見證。

葫蘆山

葫蘆山原名「湖山」或「銀山」，因形似葫蘆而得今名。山中多幽洞、怪石，較著名的有「青牛洞」

潮州西湖

「棲霞洞」「呂仙洞」「仙跡石」「蛤蟆石」「鰲魚石」等等。山上的摩崖石刻，原有225處，後因所謂韓江改造工程到山上取石而炸燬了不少，現僅存163處。大體上說，北部多唐宋遺墨，南部多明清題刻。

最早的題刻是《李公亭記》。「李公亭」建於唐代貞元（785—805）年間，為紀念刺史李宿而建。現在葫蘆山北部巖壁上仍有「李公亭」三字，應是唐代「李公亭」的舊址。《拓路題記》則是南漢時的遺刻，上書「大寶三年庚申歲，月在仲冬，願拓此路，特留題記」。說明早在960年，已在葫蘆山東西沿湖築路。宋代的題刻較多，如《俞獻卿葬妻文》(1020)、《買石座記》(1024)、《元祐石塔記》(1087)、吳祓的「壽安巖」(1158)，以及林嘌的「放生」「倒影」，許騫的《重闢西湖記》(1199)等等。

元明清三代的碑刻亦不少，葫蘆山南岸的青牛洞鑿有「古瀛洞天」四字，筆剛渾厚，書法上乘。這青牛洞原為西巖，因巖祀老君，呂祖全《書戲陳執中》詩中有「才騎白鶴過滄海，復駕青牛入洞天」句，故有「青牛洞」之稱。稱之為「古瀛」，大概有水中仙境的意思。又如清代林一銘所書的「林間石照」、丁秉賢所書的「湖山圖畫」等，都是氣勢磅礴、雄渾蒼勁的書法精品。

有些石刻，在流傳過程中還派生了一些有趣的傳說。例如「壽安巖」左側，有一塊刻有明萬曆十年(1582)蔡德章等十二位舉人題名的巨石，傳說這塊巨石原與壽安巖連在一起，後因清兵入關時，這批舉人失節求榮，投靠清廷，故遭雷劈，脫裂在地。更稀奇的是在這裂開的石壁上竟出現了「有客重來山柏翠，何人不愛洞湖清」的詩句。據說「有客重來」是暗喻異族再度入侵，「山柏翠」「洞湖清」與「山破碎」「痛胡清」諧音。於是，這個傳說便成了對「變節者」的無情鞭撻，而這兩句無名氏的題詩，則被人們譽為「仙客留題」。

綜觀葫蘆山摩崖石刻，各種書體應有盡有，集唐宋以來歷代書法之大成，故有「書法藝林」之稱。題刻內容，大致可歸納為風物題詞、科舉題名、詩詞聯語和官府文告等數項，記述了唐宋以來潮汕地區的風土人情，彌足珍貴。

普同塔

普同塔位於葫蘆山之南麓，林木繁茂，鬱鬱葱葱，居高望遠，景色宜人。塔身坐北向南，六棱七級，高 3.12 米，基圍 6.5 米，塔前石碑上刻有「普同塔」三字。

「普同塔」三字本是佛教術語，原意為「藏亡僧之骨於一處」的意思。潮州境內除「葫蘆山普同塔」外，尚有「和尚山普同塔」和「叩齒古寺普同塔」，相傳為開元寺和叩齒古寺和尚的集體墓地，而「葫蘆山普同塔」下埋葬的則是清初郝尚久屬下十萬反清復明將士的骨灰。

順治十年（1653）三月，潮州總兵郝尚久舉義反清。八月，清政府命令靖南王耿繼茂、靖南將軍哈哈木等人，統領十萬滿漢官兵，圍攻潮州城，並暗中收買尚久部下王立功等人為內應。九月十三日夜，王立功等暗引清軍入城，城中大亂，郝尚久抵擋不住，只好退入金山大營，與其子一起投井殉國。

人死了，清軍仍不放過，下令將他父子戳屍，並且血洗潮州。潮州城裏屍橫遍地，遺骸十萬。幸得西湖住持僧人海德和義士鍾萬成並力斂屍，運集葫蘆山上火化，並在山西棲鳳石旁挖坑，埋葬死難將士的骨灰。然後在坑石鋪上石板，建成「普同塔」。

1939 年潮州淪陷，塔為日寇所毀。1959 年和 1982 年曾兩次重修。塔外圍屏上刻有聯語云:「逝者如斯乎！掩之誠是也」。句出《論語》，發人深思。

景韓亭

景韓亭亦是西湖的勝景之一，為景仰韓愈的功績而建，是暑天避暑的好地方。亭壁上嵌有韓愈手書的王維《白鸚鵡賦》和傳為關羽畫的「關公竹」碑刻，極為珍貴。

韓愈是文壇巨匠，位居唐宋八大家之首，但其墨跡卻鮮見流傳。這幅《白鸚鵡賦》，末署「退之」之名，書體上行草兼備，筆法遒動，結構謹嚴，實為稀世之珍。這幅韓愈墨跡，是清初雍正間，潮州知府龍為霖在廣州發現的。發現後即以重金購得，帶回潮州刻石，置於韓祠東壁。日軍侵潮州時曾企圖將它盜走，因為來不及運輸，所以存放於憲兵部，建「仰韓亭」時才將它移置亭壁。1945年日軍投降，「仰韓亭」改為「景韓亭」。

「關公竹」為光緒十一年（1885）所刻。原立於西湖南巖「關帝廟」內，後因廟毀，刻石失而復得，亦置於「景韓亭」壁。因有「關羽之印」「漢壽亭侯」等兩枚朱印，所以人們都稱之為「關公竹」。碑中陰刻秀竹二株，黃枝綠葉，亭亭玉立。乍看起來似乎平淡無奇，凝神細審，便可發現其竹葉係由一首五言詩組成，詩曰：

不謝東君意，丹青獨立名。
莫嫌孤葉淡，終久不凋零。

「關公竹」雖然不一定是關羽的遺墨，但仍不失為一幅獨具匠心的佳作。

3 潮州開元古寺

潮州市太平路開元街，有一座名聞中外的古寺，原名「荔峰寺」。唐代開元二十六年（738），唐玄宗下令天下州郡各建一大寺，以紀年為號，所以改名「開元寺」。至宋代又稱「開元萬壽禪寺」，明代則改稱「開元鎮國禪寺」。

開元寺是一組四合院式的古代建築羣，山門外面的照壁上嵌有「梵天香界」石刻，內分四進：首進為金剛殿，次為天王殿，三進為大雄寶殿，後面是藏經樓。東西兩廊縱深六十餘米，建有觀音閣、六祖堂、地藏閣、韋馱廟、香積廚、方丈室等建築，佔地總面積原為百畝左右。

金剛殿上，有兩座高約五米的金剛力士端坐在蓮花台上，威武森嚴。傳說從前有幾個賭徒，在金剛的手掌

潮州開元寺

心上聚賭，聞知官差前來緝捕，便偷偷地鑽進金剛的耳朵裏面去，官差只好空手而回。這當然是人們為了形容金剛高大而編造出來的故事。

天王寶殿內塑有提國、廣目、多聞、增長等四大天王，相傳天王的職責是確保民間風調雨順。

大雄寶殿是開元寺的主體建築，殿前有一對石獅子和一對石經幢分列左右，東側的一根是唐代的遺物，雖已經歷了一千多年歲月，但刻在經幢上面的「雙龍戲珠」「托塔天王」和不少文字，至今仍然依稀可辨，不失為研究唐代書法和石刻藝術的珍貴材料。大殿的建築十分講究，不僅紅牆朱瓦，畫棟雕樑，而且還以嵌瓷藝術裝飾飛簷秀角，以金漆木雕鑲嵌禪門、窗櫺、月台和大殿迴廊。四周的石砌鈎欄上嵌有各式浮雕七十八塊。迴廊兩旁有上書「佛日增輝法輪常轉，皇風永扇帝道遐昌」十六字的唐代碑刻。大殿正中是鬃金的釋迦牟尼佛，端坐於蓮花寶座之上，是寺內最高的佛像。左右分列彌陀佛和藥師佛，他們都用慈祥的目光望着每一位虔誠的朝聖者。還有阿難、迦葉尊者，韋馱、羌羅兩位護法神靈，東西兩旁則是形態各異的十八羅漢，這些都是仿古新塑的佛像，個個栩栩如生，具有很高的藝術價值。

「藏經樓」是第四進，顧名思義，是寺內的藏經之所。

開元寺內保存了許多珍貴的文物和藝術品，彌足珍貴。寺內的佛像有泥塑的、木雕的、玉琢的、銅鑄的、貼金的，據說從前的「初祖堂」上還有達摩祖師的脫胎像。若說它是各種佛像的博物館也不為過。

寺中的金漆木雕也極名貴，放在方丈廳裏的明代「千佛塔」便是其中的珍品，塔高約兩米，其中竟有九十尊主體佛、二十四尊浮雕佛、二十四尊《西遊記》中的人物，還有祥禽瑞獸數十頭，都是精雕細刻的藝術珍品。其次，大雄寶殿的三張金漆木雕供桌，是全身都刻滿了歷史人物、飛禽走獸、奇花異木的通雕作品，刀法嫻熟，技藝精湛，乃金漆木雕中的上乘之作。

寺中的潮繡也很光彩奪目。大雄寶殿各尊佛像頭頂上高懸的寶蓋、幢幡，還有殿前的彩眉，都是運用了潮繡中幾十種針法繡成的精品。據說這些繡品都是歷代翻新時的仿唐作品，因而更顯得名貴。

開元寺所藏的佛經堪稱無價之寶，藏經樓下八隻高高的烏漆大櫥中珍藏着乾隆三十八年欽賜的七千二百餘卷《大藏經》，這套佛經刻成於雍正十一年（1733），當時只印了一百部，開元寺完好地保存了其中的一部，可說是鳳毛麟角了。因為是皇帝欽賜，所以又稱「龍藏」。賜經時和碩親王還特地為它題寫了「萬德莊嚴」四字，並在護送經書的令旗上書寫了「奉旨頒供龍藏」六個字，至今仍保存在寺內。《大藏經》包括了歷代佛家各宗派的著譯，有漢、番、梵文對照文本，還有木刻佛像和佛事連環圖畫，內容相當豐富，對於研究中國古代經濟、文化和科學技術，均有重要參考價值。

寺內還有一部稀世珍經 —— 智誠和尚用舌血書寫的《華嚴經》。

智誠和尚原籍江蘇壽縣，1936 年在潮州庵埠靈和寺當住持。1937 年四月初八日浴佛節，為了反對日軍侵略，祈求世界和平，他在釋迦牟尼佛前許下宏願：「為求世界和平，人民安樂，不惜生命，獻出舌血，敬書《大方廣佛華嚴經》一部」。許願後，他便把自己關在一間房子裏，不理髮、不出門，一天兩餐飯也由僧人從窗口遞進去。每天唸經後便伸出舌頭，刺舌滴血兩茶盅，然後用血書寫佛經。天天如是，從不間斷。

經過兩年的不懈努力，終於寫成洋洋七十萬言，合共八十一冊的《華嚴經》。如今，人們面對這部用血寫成的佛經，看見大小如一、工整秀麗、無一錯漏的行楷字體，無不肅然起敬。

寺內還有不少珍貴文物。如宋代銅鐘，是北宋政和四年（1114）鑄造，鐘高 1.7 米，重達三千餘斤。元代石香爐，是元代泰定二年（1325）連州知州徐震所獻，爐高 1.5 米，重達 950 斤，共分五層，刻有「天女獻花」「雙龍戲珠」等圖案。元代銅磬版，是至正六年（1346）鑄造，上有「道以時鳴，警於朝夕。重鎮禪林有典有則」的銘文，是和尚做功課時的法器。如此等等，不一而足。

每當晨曦初露或夕陽西下的時候，聽到開元寺內傳出的陣陣晨鐘暮鼓，看到身披杏黃色袈裟的僧人，在香煙杳杳的殿堂裏禮佛誦經，確實另有一番情趣。這就是潮州內八景之一的「古剎梵唱」。

4 潮陽靈山寺

靈山寺位於潮陽區西北銅盂山之小北山麓，始於唐代貞元七年（791），由當時名僧大顛禪師創建，名為

「靈山護國禪寺」。長慶二年（822）改稱「護國禪院」，天聖七年（1029）改稱「開善禪院」，後來又恢復原名。1956 年曾按清代康熙時的規模進行大修，建制為「三廳六院九天井」。前為觀音殿、中為大雄寶殿、後為大顛堂，堂上有藏經樓，寺後有大顛墓塔。寺中精美的建築、泥塑、木雕、嵌瓷、髹漆及其他裝飾工藝，顯示了潮汕人民的聰明才智和民間工藝的藝術特色。

大顛禪師（732—824）祖籍潁川，出生於潮陽，

潮陽靈山寺

俗家姓陳，早年於海潮巖（西巖）出家，大曆年間拜惠照和尚為師，是中國禪宗六祖惠能的三傳弟子。貞元元年（785）入羅浮山，貞元七年回潮陽後，選中了靈山這塊風水寶地，並得施主洪圭慷慨捐助，建寺於此。並將之比作西天靈鷲嶺，故稱「靈山寺」。後在寺中收徒說法，擁有弟子千人之眾。韓愈貶潮時曾三次惠書大顛禪師，並曾乘到潮陽祭「大湖神」之便，親到靈山與大顛面晤。韓愈調任袁州時還特別留衣兩襲給大顛留念。宋代周敦頤為此曾作《題大顛堂壁》詩曰：

退之自謂如夫子，
《原道》深排佛老非。
不識大顛何似者，
數書珍重更留衣！

明代成化年間曾在寺側建「留衣亭」和韓愈造像，以作紀念。

大顛墓塔是靈山寺的珍貴文物，始建於唐代長慶四（824）。塔高 2.8 米，由 78 塊花崗巖石板砌成。塔身狀如覆鐘，塔座為八棱柱形，正面刻有「唐大顛祖師塔」六字，石板上則刻有古樸典雅的飛龍走獸、佳花瑞木。塔前安放的石香爐和石燭台，都是一千兩百多年前的唐代遺物。唐代末年曾有人挖掘過這座塔墓，看見裏面骨脾俱化，惟舌根尚存如生，只好又按原樣葬回，故稱「瘞舌塚」。到宋代至道（995—997）間，又有人進行發掘，見裏面只有古鏡一圓而已，別無他物，只好疊石葬之如故，所以又稱為「舌鏡塔」。

靈山寺是佛教名剎。寺中有一楹聯道：

靈鷲雲深，花影泉聲俱寂，
山門竹翠，松風鶴夢同清。

恰到好處地治述了寺中的庭園美景。這裏有終年不竭的甘泉，自幽遠的羣峰疊嶂中奔馳而來，至寺後落崖而下，發出淙淙響聲，格外悅耳動聽。九條山脈，自東南向西北飛奔而至，形同九龍集此，俯首駐足；谷口有兩座小山，形同獅象坐鎮山門，故有「九龍環繞，獅象對峙」之說。寺中的「舌鏡塔」「留衣亭」，以及相傳大顛建寺時曾在此拔出神木的「拔木塢」、傳為大顛手植的「千叢果」（荔枝林）、大顛飲馬的「白石槽」、珍藏宋真宗頒賜佛經的「藏經樓」、傳為大顛抄寫經文的「寫經台」，以及宋高宗詔命潮州名賢王大寶手書勒石的「祝聖萬壽山碑」等，合稱為「靈山小八景」。這裏四季飄香，風景如畫，海客雲集，遊人不絕。歷史上不少文人墨客曾在此留下墨寶或名篇。明代蕭龍的《靈山寺》詩形象地刻畫了靈山的庭園美景：

杖錫當年謁翠微，靈山風景世間稀。
白蓮香綻隨流水，丹荔陰濃蔽夕輝。
古塚已聞曾化鏡，新亭猶想舊留衣。
宦遊幾度成追憶，此日登臨哪忍歸！

靈山美景的確有令人留連忘返、不忍歸去的魅力。

三　特式工藝

1 潮州陶瓷

潮州陶瓷生產，歷史悠久，源遠流長。在距今五六千年以前，在潮州先人的生活遺址，如陳橋貝丘遺址中，便已發現有大量陶片和陶器。在距今四千多年前，普寧市虎頭埔等窯已採用輪製技術，能燒製1000度以上的幾何印紋陶。商代以後，已能燒製釉陶。1974年在饒平縣發掘的商周古墓中出土了帶釉的陶器，是廣東地區早期的釉陶之一。

魏晉南北朝時期，潮州地區製瓷技術已經進入成熟階段。隋唐五代時期，陶瓷業已成為重要的手工業。先後出現了潮州北關窯、南關洪厝埔窯、揭陽老寨前窯、澄海程洋崗窯等許多陶瓷作坊和窯址。揭陽出土的一種極為精緻的骨灰罐，說明唐代的潮州陶瓷已掌握了堆花、刻塑、釉下彩等新工藝。唐代潮州是海上「陶瓷之路」的始發港之一，陶瓷產品遠銷東亞和東南亞一帶。

北宋時期是潮州陶瓷生產的黃金時代，筆架山麓便是當時的陶瓷生產中心。據《潮州三陽志》和民國《潮州志》記載，筆架山窯又有「白瓷窯」「水東窯」之稱。九十多年前，潮州市西南羊皮崗上出土的北宋瓷佛像上，也有「潮州水東中窯」的銘文。據考古發現，窯牀綿延四華里，共有瓷窯 99 條，素有「百窯村」之稱。「沿江十里，煙火相望」，極為壯觀，至今民間仍有「筆架山宋時有窯九十九」的傳說。

《潮州三陽志》說：「郡以東，其地曰白瓷窯、曰水南。去城不五、七里，仍外操一音，俗謂之『不老』。或曰韓公出刺之時，以正音為郡人誨，一失其真，遂不復變。市井間六、七十載以前，猶有操是音者，今不聞矣。惟白瓷窯、水南之人相習」。把「不老」話說成是韓愈用「正音」教潮人的產物，只是一種猜測之詞，更大的可能恐怕是筆架山的陶戶，不少是從北方遷來的漢人，來潮的時間長了，原來的北方話便變成不倫不類的「正音」，即「不老」話了。「不老」很可能是與「學老」相對應的稱呼。

北宋陶瓷生產技藝有刻花、劃花、印花和鏤空等技法。花紋生動美觀，具有很高的藝術水平。筆架山瓷的釉色有白、青、黃、黑、醬、褐等色，其中最珍貴的是白胎白釉的白瓷器，胎薄質堅，昌瑩潤澤，與同時期的景德鎮產品相比也豪不遜色。

元兵佔領潮州後，百窯被毀，潮州陶瓷業遭到嚴重破壞，不少窯工窯匠流落到饒平、高陂、豐順等地，逐步形成新的陶瓷基地。直到明代中期，隨着海禁的撤銷，潮州陶瓷業才逐步得到復甦。交通便利、靠近府城的楓溪陶瓷應運而興，發展到清代便成為潮州新的陶瓷生產中心。直到今天仍是中國陶瓷的著名產地，素有「南國瓷鄉」之譽。

潮州陶瓷

楓溪陶瓷產品，以傳統工藝美術著稱，尤以瓷塑通花和瓷花最具特色，是中國唯一能成批生產通花瓷器的產區。所產瓷器中有人物瓷塑「十五貫——訪鼠」和「太白醉酒」；有妙趣橫生的變形動物「鬥貓」「躍鼠」

「羚羊」「象壺」；有薄如紙、細如絲、美似玉的花卉蟲魚、枱燈、茶壺和中西餐具等美術工藝品和日用高級瓷器。

2 金木雕

金木雕是中國古代南方的一種雕刻藝術，其中尤以潮州地區最為著名。

潮州金木雕，早在唐宋時代已大量應用於建築裝飾，清代雕樑畫棟的風氣，更促進了金漆木雕的迅速發展，深入民間。其主要表現形式是浮雕、通花透雕和立體通雕，尤以經絡通暢的鏤空、多層次的通雕為主要特色。它善於熔藝術性和實用性於一爐，向以刻工精細、玲瓏剔透、佈局勻稱、金碧輝煌而飲譽中外。

潮州金木雕主要以樟木為材料，雕刻完成後，塗上生漆，漆未乾透即貼上金箔，因而又有「金漆木雕」之稱。樟木雖然不如紫檀、黃楊、酸枝等的質地堅緻、色澤鮮明，但卻有不易變形、不生蟲蛀、富韌性而易雕刻等許多優點，所以不少明清時期的作品也能完好地保存

潮州金木雕

至今。如潮州開元寺方丈廳裏陳設的九層千佛塔，便是完好地保存迄今的明代珍品；廣州陳家祠陳列的「封神榜」大神亭則是清代的佳作。潮州市博物館也收藏有清代的「神龕」「神轎」「掛屏」等多種金漆木雕珍品。

潮州金木雕題材廣泛，內容豐富，包括有歷史故事、民間傳說、祥禽瑞獸、奇花異木等許多方面。表現手法上，善以「之」字形構圖，以表達連續性的故事情節場面。而在建築物高處的裝飾人物造型，則不受比例的限制，允許局部變形，以適應觀眾的視覺效果。

近數十年來，潮州金木雕的雕刻工藝、構圖佈局、表現形式等方面，已有新的突破和發展。20 世紀 80 年代初選送到法國《中國工藝美術展覽》上展出的「花果山」座屏，便是其中優秀的代表作。

3 潮繡與汕頭抽紗

粵繡和蘇繡、湘繡、蜀繡合稱中國四大名繡。早在唐代永貞元年（805）廣東南海人盧眉娘便因繡藝高超而名聞遐邇。

潮繡是粵繡的重要組成部分。相傳潮州開元寺保存下來的裝飾繡品，是歷代翻新時的仿唐作品，說明潮州刺繡早在一千多年前已有相當高的水平。

古時候潮繡藝人多為家庭婦女。潮州民間一直流傳着「姑嫂鳥」的故事。說的是古時潮州有姑嫂二人，都是刺繡能手，繡出的花草，維妙維肖，巧奪天工，惟獨沒有繡過楊梅花。原因是楊梅長在山上，而且半夜才開花，白天看不見。有一天，姑嫂二人為了要繡楊梅花，只好在晚上帶着「花規」相偕進山。是夜月白風清，她倆邊觀察邊刺繡，正繡得起勁，忽然一陣狂風吹來，把嫂嫂吹昏在地，隨風而至的一隻猛虎卻把小姑叼走了。嫂嫂醒來時不見小姑，只見殷殷鮮血把剛繡出的楊梅花染得一片嫣紅。她呼天搶地，尋無蹤影，悲痛之餘化為一隻小鳥，在山上不停地邊飛邊喊：「姑虎！姑虎！」這便是人們常說的「姑嫂鳥」或「姑虎鳥」。從此以後，每逢楊梅開花的季節，人們便能聽到「姑虎！姑虎」的鳴叫聲。這個故事雖是人們編造出來的神話，卻也反映出精湛的潮繡技藝是得來不易的。

明清時期，潮州刺繡又有新的發展。據說明代嘉靖年間（1522—1566）曾得上海顧姓師傅的傳授，開創了凸繡方法。即以綿絮、翎毛、紙丁等材料，把繡面墊成凸面，再以金、銀絨線精工刺繡，使所繡圖案微微凸起，富有立體感，稱為「顧繡」或「北京繡」。據說潮州北郊明墓中出土的刺繡衣服，便是用這種方法繡成的。到了清代，潮繡更加普及。據地方志書記載：「其婦女之俗，百金之家不晝出，千金之家不步行，日勤女紅，布帛盈箱。」無論老幼「莫不人手一方」，「織紝刺繡之功，雖富家不廢也」。不僅婦女如此，就是男子也踴躍參加，甚至技藝超過女性。正如《嶺南叢述》所

潮繡作品《金龍魚》

說：「繡，以潮州繡工為上，所繡者尤以程鄉繭為上，皆男子為之，精於女工。」清末，林新泉等二十四名潮州刺繡男工，曾在南京舉行的全國工藝賽會上獲獎，並被譽為「刺繡狀元」。

汕頭抽紗是外來的抽紗技術與傳統的刺繡技術相結合的產物。所謂抽紗，就是按事先設計好的圖案，抽去布中的某些經緯線，然後以針線縫鎖抽口，繡上花紋而成。其出現的時間，距今只有百年上下。據《潮梅現象》記載，光緒年間（1875—1908）美國傳教士胡納德女士和耶士摩夫人曾先後在信教婦女中傳授抽紗技藝。從此，抽紗針法便逐漸為潮繡藝人所吸收和發展，產生了一種新型的汕頭抽紗工藝。起初只作為互相饋贈的禮品，到二十世紀初才發展成為大批生產的商品。

汕頭抽紗的製作工種有串紗、平繡、墊繡、刁繡、補布繡、對絲繡等數百種；製作品類有枱布、牀罩、枕套、手帕、沙發套等多種多樣，應有盡有；所有布料有亞麻布、夏布、玻璃紗等多種。據民國《潮州志》載：最初純用土產夏布，民國四年從英國輸入老四四紋紗布為原料，業務為之一新。民國六年至十二年又輸入哥囉紗邊及非立邊，產品更加豐富多彩。民國十七至二十八年，年銷額有一萬萬至二萬萬元。產品主要銷往美、英、法、印和南非洲等地。至民國三十五年，抽紗同業商號已有120家之多。目前這一行業，已從單純手工操作，逐步走上手工與機繡、電腦機繡相結合的現代化道路。

汕頭之外，福建、山東、北京、天津、上海等地的「抽紗」也各具特色，而汕頭抽紗則向以針法細密、輕盈通透、色彩清麗而著稱，素有「南國之花」的美譽，深受用戶歡迎。

4 麥稈貼畫和竹編工藝

麥稈貼畫是一種新興的民間工藝美術品，主要產於潮州市和陸豐市。初時只用原色麥稈，剪成各種花鳥蟲魚圖樣，貼於黑色綢布之上。1957年，潮州成立了專門小組，對麥稈貼畫進行全面的調查研究，扶植和發掘了許多民間傳統作品，並由原來的素色發展為彩色，使作品顯得更加鮮豔奪目，富於表現力。

麥稈畫的主要原料是經過特殊處理的麥稈草，輔助材料有綢布、染料、紙板、三合板、炭精粉和黏合劑等。製作方法是先用雕刀、刀片和特製的刀具，把中空的麥稈按照畫面的要求，割裂成大小不一、形狀各異的碎片，然後按需要分別着色，再把着了色的碎片，按原畫拼貼在底板（紙或綢布）上而成。無論是國畫、油畫、年畫還是宣傳畫，都可用麥稈畫進行複製。再現出來的畫面，一般較原畫具有更強的立體感。藝人們為了表現不同作品的意境，常常運用各種不同的技法，如鮮花的枝葉，小鳥的羽毛，嶙峋的怪石等等，都是不同的技法製作的。

藝人們還把貼畫技藝移植到實用品中去。如小掛屏、大屏風、書籤、相架、畫片、請帖、餐巾套、賀年片、珍品盒、茶葉罐、手提袋、以至文房四寶盒等等，琳琅滿目，應有盡有。這些物品，經過麥稈畫的裝飾點綴，更顯得情趣盎然，別具一格。

「竹編」在古代，與南方人民的生活息息相關。距今七千年前的浙江河姆渡遺址，已發掘出竹蓆等竹編遺物。距今四千七百多年前吳興錢山漾遺址出土的竹編織物更多達二百餘件，器物多種多樣，花紋則有「梅花眼」「辮子口」「人字紋」「十字紋」等多種。說明早在

竹籃

數千年前，中國南方人民已有高超的竹編技術。

竹編工藝品出現的時間應較遲，具體時間尚難確知，但唐宋時期潮汕地區祠堂寺廟裏的竹燈籠和竹編小亭等，無疑已是精緻的工藝品了。

潮汕竹編品類繁多，如果把竹笠、竹籮、糞箕之類生產和生活用品也算在內，估計足有三四千種之多。較精緻的工藝品，如提袋、首飾盒、掛畫等等，則已遠銷東南亞、澳洲和歐美等四十多個國家和地區。潮陽區司馬浦鎮溪尾朱村，自明代以來便以竹編花籃著稱，素有

「花籃之鄉」的美譽；海門鎮生產的竹絲簾、竹首飾盒等精巧的工藝品也名聞遐邇，其中尤以竹首飾盒最為出色，竹絲纖細，編織考究，嚴實無縫，滴水不漏，盒壁和盒面還飾以書畫，顯得雅緻大方，鮮豔奪目，令人愛不釋手。

揭陽工藝廠生產的竹編掛畫也已久負盛名。它是一種利用竹子的自然色澤，運用薄如蟬翼、細如髮絲的竹篾，編織而成的裝飾屏條。畫面生動逼真，紋樣細密清新，給人以典雅古樸之感。老藝人陳大綾編織的梅、蘭、竹、菊掛屏和圓扇、提籃等實用工藝品，也為人們所喜愛。

5 潮州木屐

木屐已有悠久歷史，據劉敬叔《異苑》記載：晉文公的謀士介之推曾為文公立下許多汗馬功勞，晉文公要給他升官進爵，他卻逃入深山不出來。晉文公為了找到他，便命人放火燒山，迫他出來，不料他竟抱樹不出，活活被燒死。晉文公悲痛欲絕，命人伐下大樹，製成木屐穿上，每當他想起介之推的功績，便俯視其屐曰：「悲乎足下」。歷史上有關木屐的記載蓋始於此。

潮屐

潮州木屐，在唐代已很著名，段公路《北戶錄》和劉恂《嶺表錄異》均有關於「抱木屐」的記載。說廣東潮惠一帶，人多用抱木（即水松木的氣根）削而為屐，質輕如通草，加上繪畫油漆，美觀大方，暑天着之，可隔卑濕地氣。清初屈大均在《廣東新語》中也說「散屐以潮州所製拖皮為雅，或以抱木為之，香而柔韌，名為抱香屐。……或以黃桑、若楝也良」，並把潮州所產木屐稱為「潮屐」。

直至二十世紀五十年代，潮州木屐舖裏仍擺滿各式各樣的木屐：大的、小的、紅的、綠的、男式、女式都有。屐皮也有橡膠、牛皮、棕皮和花繡等多種。有的施以繪畫油漆，釘上花繡屐皮，無疑是珍貴的藝術品；有的則粗製濫造，不值幾文。琳琅滿目，貴賤由人。不僅平時人足一雙，而且還是小孩初上學和姑娘出嫁時的必備之物。潮州盛行一種成人禮儀，即孩子長到十五歲，便要擇吉日舉行「出花園」的儀式，出了花園便是成人了。儀式中的重要內容之一，就是要讓孩子穿上外婆送的新衣服和一雙紅皮木屐，象徵孩子跨出花園，一帆風順。潮州人之重視木屐，由此可見一斑。

四 經濟物產

1 潮汕蔗糖

中國是世界上甘蔗栽培和加工製糖最早的國家之一。《楚辭．招魂》中已提到「柘漿」，即「蔗漿」，說明先秦時代中國南方已能利用甘蔗榨取糖漿。《西京雜記》曾述及「閩越王獻高帝石蜜五斛」，漢代楊孚《異物志》也說廣東生產的蔗糖「既凝如冰，破如塼其」（應為「博碁」，即棋盤）。可見至遲到漢代，閩廣地區已大批生產蔗糖了。

潮汕地區何時開始栽培甘蔗和生產蔗糖，史無明文，宋代的《三陽志》也無記載，但從民間早已形成多種食用甜品的習俗分析，蔗糖生產應有悠久的歷史。明代隆慶《潮陽縣志》「食用類」中提到了「沙糖」，清代《潮州府志》卷一對蔗糖的製作方法，作了較詳細的記述：「為葱糖，極白而無滓。為烏糖，用甘蔗汁煮，黑糖烹煉成，白劈鴨卵攪之，使渣滓上浮。」民國《潮州志》說：「蔗糖為潮州出產大宗，明清之際已馳譽天津、蘇州諸地」，應有所本。清末興禮的《潮州糖業調查報告》稱：潮州甘蔗多用花生粕作肥料，花生粕多販自瓊州、廉州。後因花生粕價錢太貴，才改用黃豆粕，黃豆粕是從天津、牛莊等地運來，說明當時的種植規模已很可觀。

甘蔗

明清之際，民間糖寮主要是生產漏糖入糖房，以供製白糖之用。後因白糖受進口糖的打擊，糖寮才轉產烏糖。

歷史上的潮汕白糖，質量以普寧所產為優，產量則以榕城為多，普寧次之。產品均以汕頭為集散地，從水路運銷上海、天津、鎮江、南京、蕪湖、青島等地。嘉慶《澄海縣志》記載，澄海富商常於蔗糖盛產之時，持重資到各鄉購糖，或事先向糖寮放債，至期收糖抵償。候三四月南風起時，租船北運，直達蘇州、天津等地銷售。至秋東北風起，則販運棉花、色布返航，直至雷州、海南等地出售。一來一往，獲息數倍，不少商人都由此發家致富。

2 果中珍品——潮州柑

潮州柑以其色紅、皮薄、肉脆、汁甜且帶有蜜味而飲譽中外。潮州柑的栽培始於何時尚無確論。唐代漳州別駕丁儒的《閒居二十韻》在描寫漳州風物時已有「蜜取花間液，柑藏樹上珍」之句，當時的漳州包括潮、泉的一部分，說明早在一千三百多年前，潮州柑已是果中珍品。韓愈的《初南食貽元十八協律》詩中有「調以鹹以酸，笔以椒以橙」之句，說明當時潮州人已用柑橙作為潮州菜的調味品。宋代《潮州三陽志》把柑橘列為「可品者」的常果，而與「昔無今有」的葡萄、木瓜相區別，說明柑橘栽培早在宋代以前已很普遍。明代，嘉靖《潮州府志》記載，已有柑七種、桔兩種。清代已培育出蜜柑、雪柑（又名雪橙）、蕉柑（又名招柑）等優良品種。特別是蜜柑，扁圓周正、碩大美觀，肉質爽脆，香甜可口，是柑橘中的極品，素有「柑橘皇后」之稱。

潮州柑

潮州柑果實碩大，重者可達七八兩，所以又稱「大桔」。人們取其「大吉」之意，把它作為賀歲拜年的禮品。每逢新春佳節，人們多用花籃、布兜、手帕之類，盛上檳榔和大桔，到親友家中拜年。主人也用檳榔和大桔待客，主要是因其與「賓臨大吉」諧音，取其吉祥之意。揭西、陸河、普寧等地的客家山村，春節其間，除用大桔作為拜神供品和拜年禮品外，小孩子還常把大桔裝在紅色小網袋裏，掛在胸前以示「大吉」。這些習俗，在東南亞的潮僑中也很盛行，每年春節，潮州柑的銷量相當可觀。

過去，潮汕果農還有一條不成文的「鄉規」，即外地行人經過果園時，如果嘴饞或口渴，可以走進果園吃水果，但只許吃，不許帶。漢代陸賈《南越行紀》曾說：羅浮山上的楊梅、山桃可以採摘，但「只得於上飽噉，不得持下」(《南方草木狀》轉引)。湖仙果農的「鄉規」與此古老記載，可說是一脈相承了。

潮州柑橘的栽培技術十分講究，其繁殖方法，多以酸橙或甜橙為砧木，進行芽接或枝接，據民國年間調查，普寧埔仔院育苗場所育苗木品質最佳，潮安之金石、西林所育苗木亦良。柑橘產品則以潮安鸛巢、彩壙一帶所產最好。

目前，潮汕柑橘生產已向荒山、荒坡發展，並先後培育出「鸛巢」蜜柑、「孚中選」蕉柑、「孚優選」蕉柑等果大核少、產高質優的優良品種，發展前途無可限量。

3 潮州蓮花

蓮花一身是寶。蓮藕是桌上佳肴，蓮子是清心補脾的佳品，蓮芯、蓮葉是清熱瀉火的良藥，蓮鬚則有固腎澀精的功用，出淤泥而不染的蓮花，更是沁人心脾的花中珍品。

潮州何時開始栽種蓮花，史無明文。相傳韓愈來潮時曾在筆架山後闢東湖，在湖中建亭榭、種蓮花，說明早在一千兩百多年前，潮州已開始種植觀賞蓮花了。如今不僅西湖有蓮塘，寺院庵堂有蓮池，而且家家有蓮缸，處處栽蓮花了。

潮州觀賞蓮花有單瓣、千層瓣、金紅、純白、錦邊、紅邊、碗蓮等多種品種，其中錦邊蓮和碗蓮尤為珍貴。錦邊蓮因它的花瓣從裏到邊，鑲嵌着一道道由深

蓮花

漸淺的錦線而得名。碗蓮又叫「蘇連」，是一種微型蓮花，葉如碟，花如錢，小巧玲瓏，別具一格。這種微型蓮花，在中國已有悠久的歷史。南宋趙希鵠的《調變類編》已有記載，栽培方法也很特殊：要把老蓮子裝入雞蛋殼內，用紙密封孔口，然後與其他種蛋一起，讓母雞孵化。等到小雞出殼時取出蓮子，用天門冬末、羊毛、角層之類，與肥泥拌勻，放於盆底，然後種上孵過的蓮子，使泥土保持濕潤，便能種出「生葉開花如錢大」的蓮花來。明清時期的其他花卉著作也有類似的記載。

潮州人對蓮花的栽培非常認真，每年清明節前後，都要給蓮缸換泥。相傳節前換泥，蓮花開在葉上；節後換泥，蓮花開在葉下。所以大家都喜歡在節前換泥。賣蓮種和賣塘泥的攤販，也應時而忙，有的還肩挑擔子，四出叫賣。蓮花將放的時候，人們便要在蓮缸四周用細竹搭架護花。花蕾出泥後，有些虔誠的老人家，還終日坐在缸旁守護，不讓別人在蓮缸上面曬衣服，尤其不許曬女人的褲子。甚至別人用手指指一指，也會被認為是對蓮花放肆不恭的行為。澆花時必須用潔淨的井水，施肥時必須用豆渣、豆餅或黃豆之類，先用紙包成小包，然後埋入土中。不許用糞便等不潔之物。

潮州人往往把自己家中的蓮花繁盛與否，看作是家道興衰的象徵。如果蓮花盛開，全家老少都會喜形於色，笑逐顏開，好像幸運之神就要降臨在他們頭上一樣。如果開出並蒂蓮，那就是更大的祥瑞。

潮州人心目中的蓮花如此神聖，大概與觀音菩薩的「蓮花座」存在某種聯繫，也可能與潮州人「關花園神」的習俗有關。據說每個女人在天國中都有一盆花，預示着她在人間生男育女的情況。

花園的每盆花都貼有名字，只有觀神的村姑能看見。她能回答你已生了幾男幾女，還要生幾男幾女，發現花盆有蛇還能幫你驅除。如果問話人是少女，她就會幫你預則將來生男育女的情況，而且「關花園神」的咒語也提到觀音和紅蓮：

觀音渺在南海中，
阿娘出神浮在中。
脚踏紅蓮千百瓣，
手提紅蓮獻喜童。

4 塗跳、跳白和扣罛捕魚

潮汕地區，面臨南海，有廣闊的漁場，捕撈業相當發達。長期以來，潮汕漁民創造了許多行之有效的捕魚方法，塗跳、跳白和扣罛便是其中較有趣的幾種。

塗跳即木毳，形如小舟，而沒有兩旁的牆板。長三尺餘，厚約半寸，道尾翹起，形似彎月。前立二柱，上橫一木以為扶手。每當潮退之時，未能隨潮退走的魚蝦貝類，大多粘附於海塗中，泥深無水，不能拖網罟，也不能涉足捕捉。漁人製此塗跳，左手扶橫木，左足跪板上，右足踔泥前行，右手捕拾魚蝦。板輕而浮，泥細而滑，其行如飛，成為海塗上特殊的交通和捕魚工具，使用起來非常便捷。

跳白為一種特製的小魚船。長約二丈，闊近四尺，首尾皆尖。艙中散放荊棘藤草之類，上設一白粉板。入夜便將白板斜掛船旁，駛船出海，魚兒在星月朦朧中，誤白板以為水（一說魚兒見白驚慌），而躍入艙中，固有荊棘藤草羈縻，無法脫身。潮陽還有一種「白翼船」，船身白色，晚間駛於海上，也能引誘魚兒跳躍上船。

唐代劉恂《嶺表錄異》記載了捕跳魚的方法，說是早春二月，捕魚者先於高處卓望魚羣，見魚羣來如陣雲，即划船匝將上去，船衝魚陣，魚兒受驚，紛紛跳入艙內。但船去之時，不可直衝魚陣中央，否則便會因載魚過重而沉沒。清代屈大均《廣東新語》則載有光誘捕魚法，即在夜間張燈艇中，鵝毛魚見燈即趨，跳躍上艇。艇滿立即滅燈，否則也會因負載過重而沉沒。乾隆《台灣府志》亦有類似記載，所捕者則傳說是沙燕所化而兩翼尚存的飛藉魚。這些方法，與跳白捕魚相類似，

扣罛捕魚

它們之間也許存在着某種因襲關係。

扣是敲擊，罛是漁網，扣罛就是利用敲擊發出的聲音，把魚羣驅趕在一起，然後張網捕撈的方法。這種方法盛行於南澳、潮陽和海陸豐等地，尤以南澳為著。

南澳笟艚向為該縣鉅擘，成為地方經濟重心。極盛時每艚用船 36 至 40 艘，衰落時則減至 28 至 30 艘。每艘有漁工六七人。漁期分為三罛，即春罛（1—4 月）、暑罛（5—8 月）、冬罛（9—12 月）。羣船中有大船二艘，稱為罛公罛母，負指揮及拖網之責。指揮者稱為長年，通過旂語或笠語指揮船隊，包圍魚羣。出發前要事先選定海面，包圍圈的直徑一般為二十華里左右。擺好陣式之後，只要罛公一聲令下，羣船便各用木板或竹筒於船上敲擊作聲，魚羣聞聲驚愕，不敢越此聲響範圍。隨着包圍圈的漸次收縮，魚羣也逐漸集中。收縮至適當範圍時，罛母即將二張重達千斤的大網連綴墮入海中。網上繫有七根長繩，繩端各繫浮筒，當網盡沉海底時，即由七艘罛船將七根長繩徐徐拉起，魚羣便盡落網中了。所獲多為黃花魚、鰔魚和雜魚次之。每網所獲，多寡不一，少則一二擔，多則百餘擔。這是一種聲網並用的傳統捕魚方法。

5 深山捉鷓鴣

鷓鴣屬鳥綱、雉科，體長約 30 厘米，羽毛黑白相間，頗為美觀。由於牠體大肉肥，味道鮮美，向被視為珍禽。唐代詩人白居易有「鄉味珍蟛胡（音月，動物，似蟹而小），時鮮貴鷓鴣」之句，民間也有「海裏馬鮫鯧，山裏鷓鴣香」之說。

鷓鴣善走能飛，喜在灌木叢中穿行，不要說是成年鷓鴣，就是一隻母鷓鴣帶着一羣羽毛未豐的兒女在荊棘

鷓鴣

叢中穿行，也別想能逮住牠們。

雄鷓鴣聲音嘹亮，喜歡啼叫，每年有兩次啼叫期。第一次在穀雨至立夏之間，這時正是雌鷓鴣的發情期，雄鷓鴣的啼叫，正是牠向情侶發出的呼喚。第二次在立夏之後，因為天氣炎熱，牠每天凌晨都要飛到山巔大樹上鳴叫。唐代《酉陽雜俎》有「鷓鴣向日飛」之說，大概就是這種習性的反映。

潮汕地區捕捉鷓鴣的方法很多，有的張網捕捉，方法是在鷓鴣潛伏地的一方張網，而在另一方縱獵犬追趕，追急了牠便倉皇飛逃，不料剛一起飛，便撞進獵人事先佈置好的天羅地網之中。有的則利用「一個山頭，一隻鷓鴣」的習性，即每隻雄鷓鴣都要佔山為王，如有別的雄鷓鴣侵犯牠的領土，便要拚個你死我活。山民幾個人一齊上山，把鷓鴣趕到另一山頭，另一山頭的雄鷓鴣便會上前迎戰，等到牠們打得精疲力竭，兩敗俱傷的時候，獵人便可坐收漁人之利。

更有趣的是利用家養的雄鷓鴣作「鳥媒」，誘騙野鷓鴣上當的捕捉方法：獵人帶「鳥媒」上山，選好位置，把裝有「鳥媒」的籠子放好，然後在其四周審定野鷓鴣的來路，在來路上插緊小鐵籤，鐵籤上帶有打了活結的圈套，並用野草偽裝起來。沒有插鐵籤的地方則用繩子、樹枝或雜草橫着放，據說野鷓鴣見到橫放着的東西便不敢前進。一切安排停當之後，獵人便在附近隱藏起來。「鳥媒」開始啼叫了，山上原來那隻雄鷓鴣，便會和牠爭鳴，並且循聲而至，要和「鳥媒」拚命。一般在離「鳥媒」數丈遠的地方，便會落地步行，當牠伸長脖子，急急前衝的時候，冷不妨，緊把脖子伸進獵人的圈裏，越掙扎，活結越拉得緊，最後只好束手待擒。

6 風濕聖藥毛雞酒

潮州毛雞酒，是鳳凰山區人民自製的風濕聖藥，接骨療傷，功效卓著，是山區人們贈送山外親友的貴重禮品之一。

鳳凰山區的毛雞，身長盈尺，能走善飛，行動詭祕。牠們的窩巢通常是深藏在人跡罕至的芒草叢中，平時早出晚歸，不易為人們發現。一旦發覺有人動過牠的老巢，便舉家出走不再回來。據說哺育期的母毛雞，常常把小毛雞吃剩的蛇骨拋向巢旁四周，誰要踩上蛇骨，

毛雞

腳板就會潰爛，以此報復敢於侵犯小毛雞的人。

毛雞是「第一流的跌打醫生」，小雛鳥要是腿骨折斷了，只要吃上幾味牠媽媽找回來的草藥，便可藥到病除。山民往往趁毛雞哺乳的時候，偷偷地摸到巢邊，把小雛鳥的腿骨折斷，再小心翼翼地放回去。幾天以後，小雛鳥在父母的精心「醫治」下便康復了，又能蹦蹦跳跳。用這種斷腿再續的小雛鳥入藥，能夠醫治各種風濕和跌打刀傷，而且被折斷治癒的次數越多，療效也越高。

後來，有人覺得這種辦法太費事，而且很殘忍，於是便想直接從母毛雞的嘴裏弄清楚牠用的是什麼靈丹妙藥。可是當他從被截獲的母毛雞嘴裏掏藥時，掏出來的卻是嚼爛了的黑糊糊的東西，什麼也辨認不出來。好像毛雞早有防備，有意將「祖傳祕方」保密，結果令人大失所望。

山民並沒有就此罷休。他們乾脆把捕捉到的大毛雞，像炮製其他藥酒一樣，把牠洗刷乾淨，縫緊肛門，活生生地連同羽毛一起泡進濃度很高的米酒之中，等到酒色逐漸變青時便行服用。這就是名聞遐邇的風濕聖藥——潮州毛雞酒了。

五　娛樂藝術

1 潮州戲

潮州戲是中國戲劇百花園中的一朵奇花，向以聲情並茂、演技出眾、富於地方色彩而飲譽潮、閩和東南亞一帶。

潮州戲源於南戲（又稱溫州雜劇或永嘉雜劇，創始於宋光宗朝），形成於明代中期以前，距今已有五百年以上。

俗話說「正字母生白字仔」，這並非沒有根據。1975 年冬，在潮州西山溪明代墓葬的棺木裏，發現了一冊《新編全相南北插科忠孝正字劉希泌金釵記》手抄劇本，既標明是「正字」本（即用官話音韻演唱的劇本），但裏面卻夾雜着潮州方言，說明當時（宣德七年，1432 年）已存在着「所演傳奇皆習南戲而操土風」（乾隆《潮州府志》）的情況，即已開始了從「正字」

戲發展為「白字」戲（即潮州戲）的過程。到嘉靖、萬曆年間，已有《班曲荔鏡戲文》和《重刊五色潮泉插科增入詩詞北曲勾欄荔鏡記戲文全集》（即《陳三五娘》）等潮劇劇本流傳，說明明代中期以前，潮州戲確已形成了。

潮州戲在形成和發展過程中，還接受了福建泉州「梨園戲」的影響。清代李調元在《南越筆記》中說:「潮人以土音唱南北曲者，曰潮州戲。潮音似閩，……其歌輕婉，閩廣相半。」清代潮州人鄭昌時的《韓江竹枝詞》說:「東西弦管暮紛紛，閩粵新腔取次聞」。自註云:「潮近閩，歌參閩腔」。潮州與泉州地域相鄰，語言相通，這種戲劇上的相互影響，自然是順理成章的事情。

潮州戲與江西弋陽的「弋陽腔」也有一定關係，有人認為潮州戲「一唱眾和」的幫腔形式，便是從「弋陽腔」那裏學來的；但也有人認為潮州土歌也有幫腔，潮州戲的幫腔形式是從潮州土歌發展而來。

潮州戲中保留了很多唐宋以來的古樂曲和古唱腔。在發展過程中，又不斷吸收了當地的大鑼鼓音樂、廟堂音樂和民歌。

潮州戲誕生以後，發展迅速，先後湧現了許多著名的戲班、出色的演員和膾炙人口的劇目。據「潮州市戲劇志採編組」介紹，明末清初時期，光潮安一縣便有「一部新」「新順香」「老正天香」「玉梨香」「老賽寶豐」「老賽桃」等三十多個戲班。

潮劇名角姚璇秋

「玉梨香班」是潮州彩塘人陳騰陽於光緒末年創辦。民國初年轉賣給白毛爺，該班著名演員李來利，十四五歲便名噪劇壇，善演《木蘭從軍》《絳玉摜粿》等劇目。據說京劇大師梅蘭芳觀看他的演出後，曾給予很高的評價。「玉梨香」是潮劇名班之一，著名演員還有老生書櫥、武生木龍、小生清城等。

「老正天香班」由潮州古巷陳少卿（羊爺）創辦於1900年前後，《滴水記》是他們的拿手好戲，陳楚英是他們的著名旦角。該戲班約於1920年前後始赴泰國演出，深受當地華僑歡迎。

「老賽桃班」是潮州鐵鋪人陳送於 1905 年左右創辦。主要在南洋一帶演出，其特點是勇於創新。在舞台佈景方面，吸取了外國戲劇的優點，做了大膽革新，把原來固定不變的背景，改為按劇情需要，每場都更換大幅佈景，並隨時更換一些活動小景，使背景更加逼真，以利渲染氣氛，烘託主題。1930 年前後，回潮參加西湖遊藝，其佈景改革轟動一時，人稱「活景」，各班紛紛效法學習。「老賽桃」還率先使用女演員，這在潮劇歷史上也屬首創。其著名劇目有《火燒紅蓮寺》《小鵬兒》《白蛇傳》《三打黃英》《浪子收屍》等。著名演員有烏衫旦錦來、紅面阿營、小生張秀清等。此外還有「賽桃源」「中賽桃」「新賽桃」等戲班，也為陳送手創，均在南洋各地演出。

「新順香班」為清末潮州庵埠人陳承田所創。後來發展到八班，名字分別為「一新順香」到「八新順香」。其中以六順、八順較著名，傳統劇目有《假柴腳》《將軍之女》《放青龜》《七屍八命》《尼姑打擂》《潘仁美摘印》等，較出名的演員有烏衫旦華存、花旦鯉魚、丑角再筍、小生福星等。

除專業潮劇戲班外，各鄉鎮尚有不少業餘的儒家潮劇社，稱為「儒樂社」。

上述是潮安縣境的情況，整個潮汕地區就更加琳琅滿目了。

舊社會的演員，生活非常淒苦，故有「父母唔入世，賣仔去做戲」的俗語，甚至一些主要演員，也常常抵飢捱餓。過去曾流傳着這樣一則笑談：戲演到半夜，後台開始吃宵夜了，拿碗舀粥的聲音傳到了前台。急得「曹操」神色慌張，正在與曹操對唱的「關公」，見他這般模樣，想安慰他，便把唱詞改為「曹操你勿驚，每人兩碗定」(定，是僅僅的意思)!「曹操」聽後，仍不放心，唱道:「稠的撈去食，稀的算碗聲」(算碗聲，是徒有虛名的意思)。雖屬笑談，但也反映了昔日演員生活之清苦。

2 紙影戲

紙影戲又稱「影子戲」「燈影戲」，在中國流傳已有千年以上的歷史。最初的「演員」是用紙做的，據宋代耐得翁《都城紀勝》記載：「凡影戲乃京師人初以素紙雕簇，後用彩色裝皮為之」。說明到宋代已用牛皮、羊皮或驢皮等製作，所以又稱「皮影戲」。

紙影戲何時傳入潮州，不得而知。表演時，台內放一光亮油燈，台前裝上一對大竹框，框面糊上透明白竹紙，通過燈光把「皮影」映照出來。後來，經過漫長歲月的發展，這種「皮雕人物」，又逐步被塑泥為頭、捆草為身、削木為足、紮紙為手的「圓身紙影」所代替，紙影戲本身也逐步演變為杖頭木偶了。但人們仍習稱之為「紙影」或「皮猴」。今天，人們已選用質地細軟的

紙影戲《李三娘打水》

木材，經過精雕細刻，然後進行裝潢彩繪，使之成為口、眼能動，手指能屈伸，能表演開合扇子、舞劍、斟酒、騎馬射箭、取書寫字等多種動作的，千姿百態、栩栩如生的小木偶了。

紙影戲的「演員」俗稱「安仔」，其製作特點是身首分離。「安仔身」按人物的身份、性別、年齡、文武等分門別類，主要是從身上的服裝加以區別。而「安仔頭」則區分得更加細緻，所以一班戲裏有數十個至近百個「安仔身」便足夠了，而「安仔頭」則需要數百個，甚至上千個。演出時藝人要按劇本的需要，事先將「安仔」身首組合成若干身份吻合的人物，懸掛於幕後的繩索或竹竿上，演出才能得心應手，應幕而出。

「安仔」高約一尺，每個「安仔」的背脊處都裝有一枝大抽筷，手腳和其他關節則串上小抽筷。藝人通過抽筷操縱「安仔」，並兼唱主要角色的唱白，所以能夠唱做合契，天衣無縫。一個藝人往往要同時操縱好幾個「安仔」，唱唸好幾個「演員」的唱白，有些藝人能唱出生、旦、丑、末、淨各種人物角色的唱腔，還能手拉弦、頭撞鑼、腳踏鈸，集唱、做、吹、打於一身，技藝高超，令人叫絕。據說曾有一位年過花甲的老藝人，在演紙影戲時唱出的純正甜潤的小生唱段，竟令一位年輕貌美的嬌小姐失魂落魄地患上「單思病」，以至臥牀不起，藥石無效。最後還是聰明的婢女，把她扶到紙影戲台前，捅破窗棚紙，當她親眼看到那令人陶醉的曲子竟是從六十開外的老頭子口中唱出來時，這位小姐的「單思病」才不治自癒。

紙影戲演出的劇目內容，大致與潮州戲相仿，大都取材於歷史小說、公案傳奇、神話故事和民間傳說。一般多以揚善抑惡、扶正壓邪為主題。諸如《方世玉打擂》《秦瓊倒旂》《翁萬達棄文就武》等等都是人們喜聞樂見的劇目。

3 英歌舞

「北有安塞腰鼓，南有潮汕英歌」。據說「潮汕英歌」舞是中國漢族獨具男子羣體舞風采的三個民間舞蹈之一（其他兩個是「安塞腰鼓」和「大鼓子秧歌」）。主要流行於普寧、潮陽兩地，鄰近的惠來、榕城、揭西以及金平亦有活動。

英歌的表現形式，一般分為前棚和後棚（也有把後棚分為中棚和後棚的）。前棚俗稱「唱英歌」，是英歌表演的主要部分；後棚由小演唱、雜耍和武術隊組成。最後的壓軸戲是「拍布馬」。

前棚的英歌隊，一般由6—36人組成，相傳是根據《水滸傳》第66回「時遷火燒翠雲樓，吳用智取大名府」創編而成。領頭兩人負責指揮，人物扮相都是《水滸傳》中的好漢：臉掛紅鬚者為楊志或秦明，黑鬚者為李逵，和尚打扮者為魯智深或武松，男扮女裝的是孫二娘和顧大嫂，赤膊紋身的便是九紋龍史進……

他們面畫臉譜，手執短棒，動如猛虎，疾若雄鷹，威武雄壯。時急時慢的鼓號聲，疾若高山瀑布，緩如涓涓細流。隊伍中最活躍的人物是鼓上蚤時遷，他弄蛇起舞，腳步輕捷，穿插於隊列之間，又可游離於隊伍之外，起前後呼應和聯絡作用。有人認為時遷舞蛇是古代潮州人蛇崇拜的反映，但更大可能是從《水滸傳》第六十六回所述的，盤於銅佛寺前鰲山之上的大青龍演化而來。

「拍布馬」是後棚最精彩的部分。關於它的創作，還流傳着一個故事：相傳普寧里湖有個墳頭庵，庵裏有位武藝高強的和尚，他俠義心腸，好打不平。縣太爺把他視為眼中釘、肉中刺，並親自帶兵前往緝捕。可縣太爺哪裏是和尚的對手？三拳兩腳便被打得大敗而逃。當地百姓心裏高興，便把這個故事編成「拍布馬」的程式，隨在英歌後棚演出，深受觀眾歡迎。

「拍布馬」的具體內容是：一人作騎馬姿勢，腰部以下用布紮成馬狀，名為布馬，此人頭戴官帽，身穿官服，手提雙鐧，與另一個扮成和尚，手執長棍的人對打，對打的結果是「官敗民勝」，英歌後棚也在「勝利」的歡呼聲中結束。

英歌舞

英歌還有「秧歌」「鶯歌」「因歌」之名，其發展源流也眾說紛紜，主要的有來自少林寺、來自秧歌舞、來自外江戲諸說，起始時間大致不會晚於明末。

相傳乾隆年間（1736—1795），普寧縣旱壙村有位姓成名枝撇的人，因為不堪地方豪強的欺凌，而投奔少林寺學武報仇。學成回來，因為豪強勢力不許他公開設館傳藝，他便以拳術為基礎，創編了「英歌舞」傳授給當地百姓。英歌舞不一定是成枝撇的獨創，但這一傳說卻反映了當時的社會現實，即農民為了避開官府的耳目，寓「武」於「舞」，將練武的棍棒截為兩段，結合武術動作練舞，並在每年「社日」抬神賽會，神人同樂，把秧歌、社火、花鼓、武術熔為一爐，形成別具一格的「英歌舞」。

4 潮州歌冊

「潮州歌冊」是潮州婦女喜聞樂見的民間曲藝，因為「歌冊」的刻印本大都出自潮州而得名，流傳至今大概已有近五百年的歷史。由於「歌冊」和潮州戲一樣，全用潮州方言演唱，唱詞押韻也相類似，改編起來比較方便，所以著名的潮劇劇目，幾乎都有藝人將其改編為「潮州歌冊」。

歌冊取材廣泛，除用戲劇改編外，還從民間傳說、歷史故事、筆記小說等多方面取材。較著名的有《荔鏡記》《白蛇傳》《昭君和番》《再生緣》《雙白燕》《雙駙馬》《三笑姻緣》《蘇六娘》等等，有的歌冊規模宏大，洋洋數萬言，甚至數十萬言。

經營印售歌冊的書坊，大都在府城潮州，計有「陳財利」「瑞文堂」「李萬利」「萬利老店」「萬利春記」「王生記」「王友蘭」等十幾家。舊時歌冊多為木刻本，民國年間才有少量鉛印本面世。僅「李萬利」一家，到民國時期便已刊印過五六百種之多，印書的板片堆積如山。

舊社會，婦女極少有機會唸書，文化水平低下，潮汕婦女還加上方言的限制，看戲也只能看潮州戲，除此而外，鮮有文化娛樂活動，因此，她們比男人更需要、更歡迎潮州歌冊，潮州歌冊也主要在婦女中流傳。歌冊朗唱者有職業的和業餘的兩種，職業朗唱者大都是孤苦無依的寡婦、老嫗或從戲班退役的老藝人，她們手提

歌冊《新造雙退婚鸞鳳圖》

裝着歌冊的花籃沿街乞唱，藉以討些錢米餬口度日。業餘朗唱者則不拘一格，有眾人推舉出來的，也有毛遂自薦的。

潮州歌冊只唱不彈，也沒有固定的曲調，清唱到底，間用夾白。多以四句七言為一韻組：第一句起韻，第二句協韻，第三句末字仄聲，第四句押韻（為了便於拉控，大多採用平聲）。通常是每四句一變韻，變韻的目的，主要是為了擴大用詞的範圍，以免詞語貧乏無味。除了這種基本形式外，間中也有一些是三言或五言一句的，也有晚上唱的。白天多是在繡花、縫衣、績苧麻之時，幾個人湊在一起朗唱。晚上唱者尤為普遍，婦女在做完一天的家務之後，老老少少聚在一起，有的還邊做針線邊聽唱。隨着情節的發展，聽眾中不時發出嬉笑或怒罵之聲，有時整屋子人都悲泣不已。她們常常聽到深夜不肯罷休，甚至公婆或丈夫多次催促，仍然依依不捨，不願離去。

業餘朗唱比較隨便，碰到不懂的字可以向聽眾請教，聽眾不清楚的地方也可向朗唱人發問，還可對故事情節或人物態度發表評論。

有些地方，女兒出嫁時還要購置一兩本潮州歌冊作嫁妝。婦女也往往為自己有一兩本府城歌冊而感到驕傲。一部歌冊往往能像傳家寶一樣，傳給幾代人。

遠涉重洋，出外謀生的潮籍華僑，也常常隨身帶上幾本潮州歌冊，以備隨時翻閱朗唱，慰解思鄉之情。

聽唱潮州歌冊不僅是一種娛樂，同時也是一種學習形式，不少婦女都從中獲得了廣泛的知識，有的還從中認識了字，成為有文化的人。

舊社會的文人往往瞧不起潮州歌冊，以為它「白水字」多，是俗鄙的東西，歌冊的作者和改編者也往往因此而不敢或不願署上自己的名字。其實，所謂「白水字」多，是較多地使用了方言俗字，外地人看不懂或讀起來不順暢，但卻為潮州婦女所喜聞樂見。今天，已有文藝工作者把它配上音樂和動作，正式搬上舞台，並且受到觀眾的歡迎。

六　地道飲食

1 譽滿中外的潮州菜

譽滿中外的潮州菜，已有千年以上的歷史。唐代韓愈的《初南食貽元十八協律》詩中，便對當時潮州菜的品類、烹調方法及其主要特色做了真實的描述，說它是「調以鹹以酸，芼以椒與橙」，並名之為「南烹」。可見早在韓愈來潮之前，潮州菜便已初步形成了自己的特色。以後又在漫長的歲月中，逐步融匯了閩、粵、川、浙、蘇揚等地以及外國名菜的技藝，逐步發展為自成一格的名菜。

潮州菜以取材廣泛、形式多樣、製作精細、火候適中、夏秋清淡、冬春濃郁，講究鮮爽嫩滑、講究造形和食具美觀為特色。山東曲阜孔府內陳列的一套精美豪華的銀食具，便是清代的潮汕產品。這套食具共有 404 件，可上 196 道菜，是專供清代最高級的宴會使用的。

器具上分別嵌有各種玉器、翡翠、瑪瑙、珊瑚等珍貴飾物，刻有各種花卉圖案和詩詞佳話，是清代潮汕食具的代表之作，說明潮汕食具已在神州飲食文化中佔有重要地位。

潮州名菜和潮州小食，品類繁多，不勝枚舉，這裏略談一二，以饗同好。

沙茶牛肉：沙茶即「沙茶醬」，是潮州菜中常用的調味品。它是用花生仁、白芝麻、左口魚、蝦米、椰絲、大蒜、生葱、芥末、香菜子、辣椒等為原料，磨成粉後再摻上油鹽熬製而成。沙茶醬色黃味香，辛辣適度，很得潮汕人的偏愛。為什麼取名叫「沙茶」？據說「沙茶」一詞是從印尼文「SATE」音譯而來，原意為「考肉串」，以味道辛辣著稱。傳入閩粵後，潮汕人棄其肉串，取其辛辣，發展成為具有潮汕風味的調味品。「沙茶牛肉」的製作方法，是將牛腿肉切成薄片後，放進火鍋的上湯中焯熟，然後和生菜一起，蘸上沙茶醬食用。因其鮮美爽滑，味道辛香，深受人們歡迎。

燒雁鵝：燒雁鵝原以大雁為主料，由於大雁是春去秋來的候鳥，來源十分有限，所以後來便改用草鵝。因其選料嚴格、製作精巧，故能保留「皮肉脆嫩，透骨甘香」的風味。製作燒雁鵝的技術要領是要選用肉厚質優的名鵝，如以北江黑鬃鵝、東江黃鬃鵝等為原料，劏洗乾淨後用特製的鹵水鹵熟，使鹵味滲透鵝的骨肉，再把骨肉拆開，以滾油泡（或上濕粉後油炸）成金黃色，即可切件上盤。食時用梅膏醬（或用胡椒油、甜醬也可）佐食最佳。

浸泡燒雁鵝的鹵水很講究，一般是用老抽、白糖、生薑、八角、桂皮、甘草等物，按一定比例混合製成。經這樣的鹵水浸泡後燒製而成的雁鵝，酥脆甘香、酸甜可口、肥而不膩，令人百食不厭，回味無窮。

此外，尚有許多潮州名菜，如「鴛鴦羔蟹」「厚菇芥菜」「綉紗甜肉」等等，這裏就不再一一介紹了。

歷史悠久、品類繁多的潮汕小食，也是潮州菜的重要組成部分。在潮汕城鎮做小食生意的，既有行商（串街過巷的小販），也有坐賈（大小餐館、小食攤檔）。為了招徠生意，他們常用敲擊木板或竹板的方式高聲叫賣。各家攤檔都打扮得花紅柳綠、五光十色，十分好看。

潮汕小食，注重刀法、火候和配料，製作精巧，造型美觀，色調和諧，是色、香、味、形俱佳的食品。比如潮州牛肉丸，不但外型劃一，味道鮮美，而且極富彈性，咬下爽脆，嚼來味香。製作這種肉丸很費工夫，要用新鮮牛肉，除盡肉筋，調上作料，再用兩根鐵棒捶打成泥，然後將肉泥搓成丸子。夏天，為了防止牛肉和肉丸變味，還有專人抓着大葵扇搧風降溫，累得滿頭大汗也不敢稍停。現在當然可用冰箱或風扇代勞了。

小食師傅心靈手巧，常常利用一些極普通的材料，製作出多種多樣、五花八門的小食來。如利用「香芋」便可製作出芋酥、白糖芋、羔燒芋、松魚芋、生蒸芋、金瓜芋泥、太極芋泥等許多花色品種。饒平「古樓山芋」是香芋中的名品，《饒平縣志》還記載有明代嘉靖年間，倭寇曾經三度出兵搶奪「古樓山芋」的故事。

牛肉丸

小食師傅為了適應人們隨着季節而變化的胃口，常常因時而異，不斷變換款式。如冬春寒冷，多售油炸品，從油炸番薯、香芋、油條、春卷以至油炸蔗頭龜。蔗頭龜大如拇指，是一種生長於甘蔗根部的害蟲，油炸後醮鹽吃，鹹香酥脆，別有風味。夏天炎熱，則多煲菱角湯、蓮子羹等生津止渴的食品。秋天大量魚、蠔之類水產品上市，便多烹製蠔烙、魚生銷售。

由於潮州菜有許多令人垂涎的特色，所以發展非常迅速，如今已擴展到海外各地了。

2 膏蟹、牡蠣和日月蠔

膏蟹、牡蠣和日月蠔，都是潮汕地區的著名海鮮。

膏蟹，潮汕俗稱「赤蟹」，因蟹殼邊緣形如鋸齒，所以又稱鋸緣蟹。唐代劉恂《嶺表錄異》說：「水蟹螯內皆鹹水，自有鹹味，廣人取之，淡煮，吸其鹹汁下酒。黃膏蟹，殼內有膏如黃酥，加以五味，和殼剝之食亦有味。赤蟹母，殼內黃赤，膏如雞鴨子黃，內白如豬膏，實其殼中。淋以五味，蒙以細麵為蟹畢饠，珍美可尚。」

潮汕地區盛產膏蟹，劉恂所說的「廣人」，理應包括潮汕人。到了北宋，這種桌上佳肴已傳入京師開封。歐陽修《京師初食車螯》詩中說：「南牽錯交廣，西珍富邛巴……螯蛾聞二名，久見南人誇。璀燦殼如玉，斑斕點生花。含漿不肯吐，得火遽已呀。共食惟恐後，爭先屢成嘩……」說明膏蟹在京師也深受歡迎。

膏蟹一般指受精後卵巢飽滿的母蟹，上述劉恂所說的「赤蟹母」，便是這種「膏蟹」。受精後卵巢不飽滿的母蟹，稱為「冇蟹」，大概就是劉恂說的「黃膏蟹」。雄蟹和未受精的母蟹，有肉無膏，故稱「肉蟹」。

從海上捕得的母蟹，多為卵巢不發達的「冇蟹」和「花蟹」，為了提高其營養價值和經濟效益，漁民往往把牠們先放進蟹池飼養一段時間，供給充分飼料，促其卵巢發育飽滿後，才上市出售。

潮汕地區膏蟹養殖已有百餘年歷史。養殖的池塘要模仿膏蟹生活的自然生態環境，所以一般都在海邊築池，池邊設函以與海水相通，函中置竹閘，既能使海水隨潮水漲落而自由出入，又能阻止膏蟹逃逸。

「清蒸膏蟹」是潮州名菜之一。膏黃肉白，螯粗肌滿，味道清香，使人垂涎欲滴。

還有一種名菜叫「鴛鴦羔蟹」，做法是將雌雄大蟹各一個，劏後取出蟹肉，配以豬肉、香茹、蝦膠、雞蛋（雄蟹用蛋清，雌蟹用蛋黃）拌成餡料，釀回蟹殼內，蒸熟即成。吃起來似蟹非蟹，令人遐想連篇，回味無窮。

牡蠣即蠔，為軟體動物。生長於鹹淡水之間。沿海人民早在新石器時代已捕蠔為食。韓愈《初南食貽元十八協律》詩中，把蠔列為潮州菜中的一種。人工養蠔始於何時尚不清楚，清代屈大均《廣東新語》記載東莞、寶安一帶「以石燒紅散投之，蠔生其上，取石得蠔。仍燒紅石投海中，歲凡兩投兩取」的人工養蠔方法，距今已有三百餘年。

清末明初潮汕沿海及韓江一帶多養蠔，饒平汫洲和澄海東里港尤為著名。養蠔者先將石塊曝曬數十日，於每年農曆三月（四五月亦可）移放蠔田中，兩星期後即有蠔苗附着石上。如果蠔苗過多、過密，則用人工將其鑿稀，使其疏密適中，以利生長。四個月後，蠔苗長大如銅錢。七八個月後逐漸長成長方形，兩三年後即可採收。每年秋冬之交，蠔肥肉嫩，是採收的好季節。

蠔可鮮食，也可曬乾。置水中沸過，曬乾則成蠔豉，煮液濃縮後則成蠔油，是美食之家不可或缺的調味珍品。

蒜蓉生蠔

日月蠔又名海鏡、江珧、大明、豪盤菜。狀圓而扁平，兩扇貝殼光滑似鏡，一呈肉紅色，一呈白色，故名「日月」。產於南海沙質海底，腹內有一小紅蟹子，身足俱全，其大如豆，由一細絲牽繫。日月蠔餓了便張開兩殼，由小蟹子出外覓食，蟹子飽了即返回腹內。如果發生意外，小蟹子回不來了，日月蠔的生命也便隨之而結束。民間傳說日月蠔是天昴日星君與嫦娥仙女的私生子，為了不讓王母娘娘發覺，他倆便偷偷地把剛產下的兒子拋入南海，變成了日月蠔。有一小和尚見此情景，深表同情，便變成一隻小紅蟹鑽進日月蠔腹內照顧牠，為之覓食，相依為命。

日月蠔肉白如玉，脆嫩鮮美，營養豐富，在潮汕宴席上是上菜佳餚。用以烹湯，清香可口，芳馥帶甘，尤覺名貴。其閉殼肌柱，曬乾後通稱「帶子」或「江珧柱」，是著名的湯料。

日月蠔還有較高的藥用價值，李時珍《本草綱目》說牠有「清渴下氣，中利五臟，止小便，消腹中宿物，令人易飢能食」的功效。其腹內的小紅蟹子，用瓦片烤熟，研末口服，可治小兒夜尿。其殼可作貝雕原料，確實全身是寶。

3 兩種鹹菜

菜脯

菜脯，實即蘿蔔乾，是名聞中外的「雜菜」之一。因為樣子像豬舌，所以又有「鹹豬舌」的稱謂。製作方法很簡便：於蘿蔔成熟後，拔起去葉，切為兩片，置地上讓烈日曝曬，待它軟化後即於傍晚放入地窖。地窖一般是在地頭田畔挖坑而成，挖成以後用乾稻草密鋪坑底和四周，然後投放蘿蔔。投放時邊放蘿葡邊加鹽，同時要站在上面，用腳踩實。為了保護自己的雙腳，踩踏者往往要穿上木屐操作。放滿後，再在上面蓋以稻草，壓以巨石，次日凌晨霧未乾時便要取出曝曬，因為曬遲了容易發酵變質。如此反覆曝曬十次左右，便成美味可口的菜脯了。如欲久藏，則需揀其上好者貯存於大缸之中。入缸方法與入窖法相同，裝滿以後，用腳踩實，蓋上食鹽，放於通風乾燥的地方，則可經久不壞。如果遠銷外地，則需加曬一次後，裝入特製的圓木桶中，踩實加鹽，蓋板固封，即可外運。

菜脯多產於揭東、惠來和澄海，其中揭東新亨一帶的產品質量尤佳，素享盛譽，產品除內銷潮汕、江西等地外，還運銷越南、泰國和緬甸等東南亞國家。據統計，1915 年經汕頭運銷各地的有三萬八千擔，1923 年增至六萬五千餘擔。

從前，農民生活貧苦，往往把上好的菜脯賣掉，留下自用的都是些鹹得要命的下等貨色。傳說當地有一戶農民，吃飯的時候，餐桌上都放着一小碟菜脯，進餐的人只要往碟子上看一眼，便能送幾口飯入肚，這已成為他們家的慣例。有一天，剛過門的兒媳婦不知規矩，吃飯時竟往碟子裏看了好幾眼，公公見了很不高興地白她一眼說：「你這樣貪食，不鹹死你才怪呢！」當然這只是形容其鹹的一則笑話而已。

菜脯

鹹酸菜

潮州大芥菜是潮汕農民冬季的常蔬之一，醃製成菹後，金黃透明、爽脆無渣、酸鹹兼備，故稱「鹹酸菜」。鹹酸菜服食方便，可生吃，可熟吃，可油炒，可煲湯。還可作配料或調味品登上高級宴席。唐代韓愈的《初南食貽元十八協律》詩中有「調以鹹以酸」句，也可能指的是「鹹酸菜」，果如此，則潮州「鹹酸菜」已有一千多年的歷史了。由於它具有開胃、消滯、增進食慾的作用，所以很受人們歡迎。

鹹酸菜的醃製方法，分為「自用」和「外銷」二類。農家自用的，一般都在收穫後略加曝曬，使其軟化，割取淨潔後，切細和鹽，醃製入甕。由醃製商人大量醃製外運的，一般都將收穫後的芥菜去葉存瓣，每叢切成二片，摻和適量食鹽後，裝進大缸或大木桶中，上面再壓以大石。兩天後，鹹菜萎縮出水，即取出裝甕，封固標嘜，運銷各地。

今天，鹹酸菜在民間仍然很受歡迎，在潮式菜館中是不可缺少的配料。如果用海螺、日月蠔之類煎湯，加上幾片鹹酸菜作配料，就更覺鹹酸可口，回味無窮。

4 番薯粉與護國菜

番薯自從明代分別從菲律賓和越南傳進中國的福建和廣東以後，很快便成為中國南方的主要旱糧作物，同時在工業和飲食業上也發揮了一定的作用。

人們生活中常用的薯粉，就是以番薯為原料製成的。潮汕地區的薯粉，最初只由農家少量製作，一般是用陶瓷磨缽磨粉，磨缽裏面有粗銳的磨齒，可把番薯磨成粉漿，然後洗去糟粕（糟粕可作飼料），再將粉漿過濾後曝曬成粉，出粉率約為 15% 左右。後因供不應求，便有一些富人經營製粉工場，名為「薯寮」。每寮

番薯粉

僱用男女童工數人至數十人不等，但製作方法仍與家庭經營無異。直到清末民初才用機器製作，用工少而產量多，牟利更豐。

潮汕薯粉生產以潮陽為著，產品以外銷為主。據民國年間的調查，潮陽薯粉外銷者佔百分之八十以上。多由水路運銷福建、浙江、上海及南洋各地。品質上乘者潔白如雪，號稱「雪粉」，更是名聞中外的物產。

「護國菜」是雖賤尤貴的潮州名菜。說它賤，是因為它用番薯葉為主料；說它貴，是因為傳說它曾救過皇帝的性命，並因此而被勅封為「護國菜」。

相傳宋朝末代皇帝趙昺被元兵追趕，且戰且走，一路逃亡。一日，逃到潮州某山下的農村，人困馬乏，飢渴難忍，只好到農家扣門求食。好心的老婦人，家無可食之物，只好到園裏摘一把番薯葉煮給他吃。宋帝飢不擇食，狼吞虎咽，但覺香滑無比，因問老婦人這是什麼東西，這麼美味好吃。老婦人不敢相瞞，只好如實相告。宋帝聽後深有感慨地說：「大宋危難，這小小番薯葉也知出力護國，變得如此美味好吃，就封它為『護國菜』吧。」

當然這個故事肯定是編造出來的，因為宋代番薯還未傳入中國呢。但「護國菜」卻確確實實是潮州名菜，如今不少潮州餐館都用冬菇、火腿作輔料，再用上湯燴製，使之成為色香味俱全的桌上佳餚。

5 極品名茶——鳳凰單叢

鳳凰茶的生產始於何時，史無明文。相傳宋朝末代皇帝趙昺，南逃潮州途經鳳凰山時，渴極思飲，便隨手摘下幾片茶葉塞進嘴裏，不覺津液頓生，甘香無比。從此鳳凰山頂的這棵茶樹便有「單叢宋種」之稱。

當然了這只是一種民間傳說，根據有關方志記載，直到元代，潮州尚無大宗的茶葉生產。元代《三陽圖志》曾對潮州不產茶而要納茶稅的怪現象憤憤不平，認為「產茶之地出稅固宜，無茶之地何緣交稅？潮之為郡，無採茶之戶，無販茶之商，其課鈔每責於辦鹽主首而代納焉。有司者萬一知此，能不思所以革其弊乎？」直至明代饒相的《茶山增城記》才有關於大埔產茶盛況的記載。嘉靖《潮州府志》則記載了饒平交納貢茶的數量。乾隆《潮州府志》記載了饒平百花山、鳳凰山以及大埔陰那山、大麻鎮產茶的情況。潮州種茶和飲茶之俗，大體上是始於明而盛於清。清代飲「工夫茶」已蔚然成風，故有俞蛟《夢廠雜著．工夫茶》之作。

鳳凰茶產於潮州鳳凰山，鳳凰山地處潮安、饒平、豐順、大埔等縣的結合部，海拔高達一千三百米左右，峰巒疊翠，雲霧繚繞，峽谷縱橫，土地潮潤，正是「高山雲霧出名茶」的好地方。鳳凰茶的製作工藝也很講究。一般分為「萎凋 —— 發酵 —— 炒青 —— 揉捻 —— 烘焙」等五道工序，每道工序都有嚴格的操作方法，這些都是茶農長期實踐經驗的結晶。

鳳凰茶兼有綠茶的清香和紅茶的甘醇，是一種介乎綠茶和紅茶之間半發酵焙茶，其中尤以「鳳凰單叢」最負盛名。

所謂「單叢」，並不是獨一無二的一株，而是指那些經過多年品試後，鑒定為具有各自不同的自然花香味的茶樹，收穫時區分不同的植株和風味，實行單株採

單叢茶

摘、單株初製、分級銷售的特等名茶。其品類大致有蘭香、黃梔香、肉桂香、杏仁香、花生香、千里香等多種。製作方法十分考究，一定要在春季晴天的午後一時至四時之間採摘，摘後一定要分株放在陰涼處一段時間後才初製加工，否則便製作不出「鳳凰單叢」的香韻來。「鳳凰單叢」中尤以烏棟頂單叢的品質最佳，向有「形美、色翠、香郁、味甘」的盛譽，號稱「四絕」。沖泡時在數步之外便能聞到香味，入口後香味無窮，耐沖耐泡，隔夜不餿，確是茗中珍品，享有「中國第一名茶」的美稱。

6 「鬥茶」漫話

「鬥茶」又稱「茗戰」，是中國古代特有的品茶技藝和風俗。明代顧炳曾經摹繪閻立本的《鬥茶圖》，閻立本是唐初的著名畫家，說明早在唐代初年已有「鬥茶」的習俗。

「鬥茶」的產生主要出於「貢茶」的需要，「鬥茶」優勝者才能列為貢品。唐代雅州蒙頂山仙茶、湖州顧渚山紫筍茶、常州陽羨茶等，都是評比出來的貢茶。

宋代的「鬥茶」之風十分盛行，徽宗皇帝趙佶便是一個嗜茶成癖的茶藝專家，並且著有《大觀茶論》。當時和「鬥茶」有關的文物和文獻很多，如范仲淹的《鬥茶歌》、唐庚的《鬥茶記》和劉松年的《鬥茶圖卷》等等，都是名噪一時的佳作，所以說「鬥茶」習俗始於唐而盛於宋是有道理的。

「鬥茶」之俗，大概是創始於盛產貢茶的建州（今福建建陽一帶），到宋代，建茶已經譽滿神州。《大觀茶論》指出：「本朝之興，歲修建溪之貢，龍團鳳餅，名冠天下」。蘇東坡《詠茶》詞中也說：「已過幾番雨，

劉松年《茗園賭市圖》

前夜一聲雷，槍旗爭戰，建溪春色佔先魁」，也說明福建可能是「鬥茶」習俗的策源地。

地處閩粵之交的饒平縣，因得福建「鬥茶」的風氣之先，民間早有「鬥茶」的習俗，其起始的時間，因為史無明文，無從確知。但明代嘉靖《潮州府志》已有關於饒平縣每年要貢納茶葉一百五十斤三兩，芽茶一百八斤三兩的記載，而「貢茶」要通過「鬥茶」評選，所以估計饒平縣的「鬥茶」習俗，少說也有四百多年的歷史。

饒平「鬥茶」，一般都在清明節後第一個墟日，於茶產區的野外進行。由於傳說古人曾用敲鑼的方法催促茶芽盛發，所以每次「鬥茶」之前，都要先敲一陣鑼鼓後才開始，有時還有潮州音樂或歌舞助興。

「鬥茶」的內容分為「觀形」「聞香」「品味」「審底」四個程序。「觀形」是指評審茶葉的外形，要求條索緊湊、粗壯、勻稱、美觀。「聞香」是指品評茶葉沖泡後發出的香味，有些評判者還要自遠至近，聞香數次後，才作出判斷。「品味」是指品評茶湯，是「鬥茶」內容的核心，評判者徐徐咀嚼品味，以便公平地分出等第。「審底」是指對茶渣的品評，在逐一濾去茶盞中的殘湯之後，讓審評者與觀眾審視茶渣的顏色，烏龍茶以葉片黃亮，葉底邊緣朱紅者為上，其中尤以葉底嫩黃色中泛起朱點者為上上。

饒平的「鬥茶」之風，一直相沿至今。舊社會「鬥茶」的目的是替皇帝挑選「貢茶」，貪官污吏從中得益，而廣大茶農則深受其害。今天「鬥茶」的宗旨，主要是為了選出珍品，出口貿易，促進茶葉生產事業迅速發展。

7 「工夫茶」中有功夫

「烹調味盡東南美，最是工夫茶與湯。」這是女詩人冼玉清對潮州「工夫茶」的讚美。潮州「工夫茶」是對中國古代品茶習俗的繼承和發展。據說從元代開始便有喝工夫茶的習俗了。清代袁枚在《隨園食單》中，曾對古代「品茶」習俗作了生動的描寫：「杯小如胡桃，壺小如香櫞，每斟無一兩，上口不忍遽咽，先嗅其香，再試其味，徐徐咀嚼而體貼之，果然清香撲鼻，舌有餘甘，一杯以後，再試二杯，令人釋燥平矜……」《潮州志》引《苜蓿集》詩註說：「潮人嗜茶，器具精細，手自烹瀹，名曰工夫茶」。清代江心泰說：潮人「尤工飲茶，飾採茶女十二人，手花籃而歌。」似乎當時的元宵佳節，還有邊喝工夫茶，邊欣賞採茶歌舞的習俗。

清代俞蛟《夢廠雜著》和今人翁輝東《潮州茶經》均對「工夫茶」作了專門論述。潮俗中有「茶三酒四遊玩二」之說，認為喝茶最好是三個摯友一起喝，所以一套工夫茶具，通常也只配三隻茶杯。

「工夫茶」的主要特色，在於它非常注重茶品之選擇、茶具之精美，水質之品評和烹法之從容有序。

茶品大多選擇武夷巖茶和安溪鐵觀音等上品，本地名茶鳳凰單叢和浪菜，也深為茶客所喜愛。相傳潮州

工夫茶

還有一種名茶叫「蓬萊茗」，據說每斤茶葉中有三萬個茶芽，這些茶芽都是少女凌晨起來尚未漱口以前，用牙齒一個個咬下來的。雖然這只是一種傳說，未必真有其事，但也反映了潮人對茶葉之重視。

茶具種類繁多，主要有茶壺、茶杯、茶盤、茶洗、茶墊、砂銚、火爐、羽扇、水罐等。

茶壺，俗稱沖罐，多用宜興紫砂壺，其中尤以「孟臣」「鐵畫軒」「秋圃」「萼圃」「小山」等為貴。潮州楓溪的茶壺形式多種多樣，有瓜形、柿形、菱形、鼓形、梅花形，還有六角、栗子、圓珠、蓮子形，巧妙玲瓏，精美可愛。壺的大小有一人罐、二人罐、三人罐、四人罐之分，原則上宜小不宜大，宜淺不宜深，因為「淺能釀味，能留香，不蓄水」。壺的形制還有所謂「三山齊」的要求，即把壺倒放，要求壺口、壺嘴和提柄三項齊平。壺之顏色有硃砂、古鐵、栗色、紫泥、石黃、天青等多種。有一種摻鋼砂燒製而成的「柚皮砂」，銀硃閃爍，價同拱璧，十分名貴，故有「硃土與黃金爭價」的說法。一隻名貴茶壺，主人往往視若珍寶，一旦壺蓋打破了，還要延師用銅釘、銅絲把它補綴起來繼續使用。

茶杯一般以杯背書有「若深珍藏」四字的若深杯為

佳。建窯所產白瓷杯，質薄如紙，色潔如玉，所以十分名貴。用杯還要求隨季節的變遷而有不同的選擇：「春宜牛目杯，夏宜栗子杯，秋宜荷葉杯，冬宜仰鍾杯。」據說這種選擇，主要是為了適應季節的變化，以利於保溫或散熱。

茶盤宜寬平，中間雕一古錢小孔，以便漏水入茶洗，茶盤及其下的茶洗一起，統稱茶船。

其他茶具也都一一講究。有錢人家，往往還專門設置「茶挑」，把一應茶具通統安置在一副擔子裏，出門辦事或遊玩時，由茶童挑着隨行，隨時都能喝到「工夫茶」。

「工夫茶」很注重選水，一般認為「山水為上，江水為中，井水為下」。對泉水的品評，則認為「山頂泉輕清，山下泉重濁，石中泉清甘，沙中泉清冽。有些人為了得到優質泉水沖茶，常常不避艱辛，跑到數十里外去取水。有些城鎮，還有人專門販賣泉水，以供沖茶。

「工夫茶之首功，全在烹法」，有人把它歸納為「十法」，即活火、蝦鬚水、燙盅、熱罐、揀茶、裝茶、高沖、低篩、刮沫、淋頂。

活火向為所重，蘇東坡曾有「活水仍需活火烹，自臨釣石取深清」之句。為了得到理想的活火，講究的人，往往選用欖核炭。它不僅耐燒、能生藍色火焰，而且還能使水含有特殊的香味。

蝦鬚水：即所謂「水面浮珠，聲若松濤」的二沸水，要求不能太嫩，也不能太老。

燙盅、熱罐：當砂銚中發出有若松濤之聲時，即應提起砂銚，淋罐燙杯，使杯罐受熱升溫，同時亦有消毒殺菌作用。

揀茶、裝茶：淋盅燙杯後，把茶葉倒在潔淨的白紙上，粗細分開，粗者裝於罐底及壺嘴滴口處，細者納於中央，然後再放些粗的在上面，待蝦鬚水成，即行沖水。

高沖：沖水要高沖，要從壺邊沖入，要連貫而從容，不能直沖壺心，不能斷斷續續，這樣沖出來的茶香滑而無澀滯。沖水量以滿而不溢為宜。

刮沫：沖水後，茶沫浮起，溢於壺面，須提壺蓋，從壺口平刮之，把茶沫刮出後再蓋回。

淋頂，也稱淋罐：壺蓋蓋好後，即以熱湯從壺頂淋壺，以去其沫，同時還可起壺外加熱的作用。

低篩：篩茶時必須來來去去，各杯輪勻，使各杯色澤濃淡一致，又須把茶湯滴滴篩出，均勻點到各杯上，俗稱「關公巡城，韓信點兵」。

最後是**啜飲**：人各一杯，香味齊到。有人飲後還三嗅杯底，以聞其香；有的在啜飲之前，自遠至近，聞香數次，然後再飲。飲時徐徐咀嚼品味，頓覺清香撲鼻，甘澤潤喉，精神振奮。

「工夫茶」是潮州的一種高雅民俗，無論佳會盛宴或閒處宿居，也無論工廠商店或瓜棚樹下，或忙裏偷空，或閒情逸致，無不舉杯提壺，你斟我酌，共享其中樂趣。「工夫茶」也是一種講禮儀、重友誼的表現，無論主客，一入工夫茶座，頓覺氣氛和諧，親切倍增。

今天，「工夫茶」已不局限於潮汕地區，幾乎已遍及廣東、海南和福建的許多地方了。

8 別開生面的菠蘿酒

菠蘿又名鳳梨或黃梨，潮州人則喜歡叫它為番梨。番梨原產巴西，是印第安人培育的熱帶水果，16 世紀中期才經澳門傳入廣東，現在已是嶺南四大佳果之一了。

菠蘿酒

在潮汕，菠蘿不僅是街頭叫賣，消夏解渴的佳果，而且也是宴請親朋的桌上佳餚。據說還有人把它當作治胃病的良藥，每當胃病發作時，吃上幾片蘸有醬油的菠蘿片，便可立即止痛。由於菠蘿性熱，吃多了容易中痧，所以潮州人生吃菠蘿時，都喜歡在菠蘿片裏撒上菠蘿斗，或蘸一點生鹽，或乾脆把菠蘿片泡進鹽水裏，然鋒再撈起來吃，這樣便無「中痧」之虞了。

更有趣的是山區果農自製的菠蘿酒，他們往往在菠蘿收穫前幾天，便預早派人上山，挑選一些將熟未熟的菠蘿，用利刀切去果實的頂部，就像茶壺揭去蓋子一般，然後往裏刺幾個小洞，在洞裏塞上一些酒餅末，再把切開的頂蓋蓋回。等到上山收穫菠蘿時，菠蘿經過發酵，裏面的果肉已全部化為美酒，外面的果殼都變成天然的大酒杯了。把它們從植株上摘下，揭開蓋子，酒香撲鼻，沁人心脾，可說是盛夏的妙品。

七　歲時風俗

1 歡度春節

春節是一年中最隆重、最歡樂的節日。自從農曆十二月二十四日歡送灶君爺上天後，人們便進入籌備過年的大忙了。除了購置各種年貨外，還要蒸製甜粿、發粿、鼠麴粿等各式粿品。到了二十八、二十九日，則要劏雞、殺鴨、鹵鵝、蒸魚，還要進行一次最徹底的大掃除，以及房子的裝飾佈置，男人要理髮，女人要「挽面」，小孩子要添置衣帽鞋襪。俗語說：「十二月十二條門路」，真是夠忙的了。

到了大年三十，可以說新年已經開始了。家家戶戶都要張貼春聯，午飯後男女老少都要沐浴更衣。揭西、陸河、普寧等山區還要洗「石薑葡」（一種草藥）水，平時最不愛洗澡的小孩，這一天也會早早地洗浴了，因為洗了「石薑葡」水就意味着又增長了一歲，而且可以穿新衣戴新帽，跟着大人到公廳或附近祠堂裏拜祖宗、放鞭炮。由於向有「早吃飯早發財」之說，所以這一天人們的晚飯都吃得特別早。

大廳裏設上火鍋，一家老少圍着熱氣騰騰的爐子吃飯，名叫「圍爐」。這是闔家大團圓的美好時刻，外出他方的成員也要千方百計趕回來參加，平日不喝酒的婦女，這一餐也要高興地喝上一兩口。這餐飯要辦得特豐盛，因為它預兆着「新的一年天天如是」。

「圍爐」以後，長輩要給小輩們分贈「壓腰兜」（壓歲錢），在用銅錢為貨幣的古代，人們都用紅頭繩把壓歲錢穿成一串一串的，每串二三十文至百文不等。孩子們分到壓歲錢後，便興沖沖地掛在脖子上，走起路來叮叮噹噹響個不停。使用鈔票以後，才改用封「紅包」的形式。

除夕，房裏要通宵點燈，米缸裏要裝滿米，灶膛內要留火種過夜。還要煮一缽飯，上面插上玉如意，連同一對大桔，皆放於桌上，叫做「年飯」。從年初一開始便逐餐將「年飯」加到飯鍋裏一起煮，一直煮到年初四灶君爺回來後為止。據說這樣做是為了預兆將來財丁兩旺，火不斷炊，吉祥如意，年年有餘。

一切準備妥當以後，便開始「守歲」，即在大廳供桌上，擺設大桔、橄欖、糖果等各式供品，靜候新年的降臨。零時一到，家家戶戶燃放鞭炮，霎時間炮竹連天，硝煙瀰漫，城裏城外，一片歡騰，新的一年就在這歡樂的氣氛中開始了。

正月初一是一歲之首，天剛拂曉人們便起牀（有些人根本沒有睡覺），穿上新衣戴上新帽，一家人親親熱熱地開始拜新年的活動。先是自家的晚輩向長輩拜年，敬茶祝福。早飯後（早飯吃素不吃葷）便牽男帶女，有說有笑地到親友家中拜年。

拜年宜早不宜遲，俗話說：「有心拜年初一二，無心拜年初三四」。出門拜年的人一般都用花籃、布兜或手帕，盛上大桔、檳榔做禮物，寓意「賓臨大吉」（潮汕地區檳榔缺乏，一般都用與檳榔相似的青橄欖代替）。見面時主客互致「恭喜發財」「添丁進福」等祝福之辭。接着主人請客人吃大桔，共品工夫茶。客人向主人敬獻禮品，恭賀主人吉祥如意，主人則以大桔回禮，俗謂「換吉」，意在互致美好的祝願。

初一至初四，四鄉村鎮多有各式各樣的文體活動：有舞着獅子到各家各戶參拜賀年的，也有敲竹板、唱歌謠、做四句。規模較大的活動則有搭棚唱戲，或組織鑼鼓隊、舞獅隊、英歌隊、舞龍隊，沿街挨寨巡迴表演。

舞獅是最受歡迎的活動之一，獅子一般由兩人共舞，另由兩人戴上面具，扮成笑容可掬的「土地公」「土地奶」，手執葵扇，不斷以各種滑稽的動作逗引獅子。

獅子有文、武之分。「文獅」拜年，每遇有人在門前鳴放鞭炮表示歡迎時，便要停下來拜年。先由兩「土地」牽着獅子向主人叩頭，然後表演「土地」給獅子搧風、搔癢、餵食。百般挑逗，引人發笑。獅子也不斷鬥鬃、跳躍、打滾。

舞獅

「武獅」一般都選擇有錢人家或大商行作為拜年對象，受拜之家則鳴炮歡迎，鞭炮往往從二三層樓上垂掛下來。獅子則由「兩土地」牽着俯首向主人拜年。然後昂首縱跳，表演翻滾、騰躍、跌撲等高難動作。獅子取「紅包」是「武獅」表演的高潮：主人把「紅包」高懸於二三層樓的門口或窗口，舞獅隊要用疊凳成梯或搭人梯的方法，讓獅子舞動着爬上去，爬到頂端，便縱身張嘴，把「紅包」咬下來。這時觀眾報以熱烈的歡呼聲和喝彩聲，獅子則向四方揖拜，表示向觀眾祝福。整個表演驚險熱烈，精彩紛呈。

「初四過，男男女女做功課」，一過年初四，春節的慶祝活動便基本結束了。

2 喜鬧元宵

元宵佳節是中國民間的傳統節日，因為家家張燈結彩，人人歡天喜地，所以又稱「燈節」或「喜節」。

遊花燈是潮州元宵節的一大特色。花燈隊伍，一般都以持火把的大漢先行開路，隨後便是揚眉吐氣的大龍燈。接着有一隊肩扛彩標，身穿盛服的潮州姑娘，款款而行。後面跟着一羣腰紮絲帶，腳纏綳腿，眉目清秀，器宇軒昂的男生，邊走邊奏潮州大鑼鼓。然後便是琳琅滿目的花燈隊伍：蓮荷燈、蜜柑燈、紅柿燈是潮州奇花異果的象徵；大鯉魚、大烏龜、雙鬥魚是潮州水族的代表。

最引人入勝的是潮州燈屏：每一台燈屏都按一個民間故事或一齣潮劇的場面塑成，如《陳三五娘》《鳳儀亭》《郭子儀拜壽》等等。燈屏中的風景人物、花草蟲魚、祥禽瑞獸，無不惟妙惟肖，栩栩如生。每台燈屏一般都由四至八人抬在肩上，緩緩而行。花燈隊伍的末尾，通常都以亭亭玉立的五彩鳳凰壓陣。

除了參加遊行的花燈外，大街小巷、商店門口、院落祠堂以至各類牌坊，也無不張燈結彩，五光十色。最後還要把花燈集中一處，展覽評比，得獎者自然更加興高采烈。

潮州花燈由來已久，有人認為始自宋代，也有人認為始自明代。潮劇《陳三五娘》中的愛情糾葛，就是從元宵之夜上街觀燈引起的，說明遊花燈的習俗至遲在明代已經流行。清末宣統二年（1910），花燈藝人揚雲

花燈裝飾下的廣濟門城樓

樓、杜松製作的《紅樓夢》《白孟玉》二大燈屏曾在南京舉辦的全國花燈比賽中獲獎。1926 年花燈藝人林樂笙，曾應新加坡華商之請，到新加坡製做花燈迎接英國王儲，深得王儲的賞識。後來還應約製做了《長坂坡》《昭君和番》等五屏花燈送到英國皇宮陳列，其後又有《哪吒鬧海》《陳三五娘》等五屏送往加拿大展覽。從此，潮州燈屏便走向世界了。

除潮州燈屏外，澄海紗燈也很有藝術特色，主要是用泥或香膠製成人物頭像，穿以五彩綢衣，並按某一幕戲曲場面進行擺設，十分逼真動人。

古代潮州的元宵節，還常常舉辦化妝遊行，邊走邊跳邊唱《採茶歌》，歌曰：「二月採茶茶發芽，姐妹雙雙去採茶，大姐採多妹採少，不論多少早還家；三月採茶是清明，娘在房中繡手巾，兩頭繡出茶苗壯，中央繡出採茶人……」歌詞活潑清新，至今仍為人們所喜愛。清代陳坤《嶺南雜事詩抄》中有「詠潮州元宵採茶歌」一首，歌云：「火樹燈輪照九霞，妖童豔曲鬥繁華，採花顏色採茶味，兒似青青谷雨茶。」描繪了元宵遊行時唱《採茶歌》的情景。

過去，潮梅地區還有元宵之夜看新娘的習俗，如大埔縣，每到元宵那天，各衙門的命婦，都要梳妝打扮，坐於門外，讓城鄉婦女觀看，直至辛亥革命後才廢除。

普寧市的習俗是在元宵之夜，凡娶有新媳婦的人家，都請左鄰右舍到家中看新娘。在大廳或房內設一方桌，擺上柑桔、橄欖、糖果及茶水，新娘子梳妝打扮，立於桌後，以扇遮面，人家催看時才羞答答地將扇子慢慢放下。觀看的人要出「題四句」，說好話。新娘家中各人則侍立一旁，遞茶、奉果、招呼客人。

潮州城裏也有「看新娘」的習俗，而且形成十五看城北，十六看城南的習慣：新娘家中房門洞開，張燈結彩，新娘子則豔裝華飾，坐於房中，任人觀看。觀看者則各祝吉祥之語。

這種習俗的由來，據說是因為古時有一幫無賴，專門刺探人家嫁娶的消息。獲悉嫁娶時日，即結夥於中途用紅布帶攔截花轎，勒索金錢，否則不予通過，名為「柵轎」。以致人們不敢行嫁娶之禮，常以探親為名，草草送女過門，甚至有人夜間揹負新娘成親。等到來年元宵節，如果新娘已生兒女則罷，如未做母親，便要行「看新娘」之俗。這種習俗顯然帶有補行婚禮的用意。

一些客家地區的新娘，則有結伴搖竹子的習俗。她們到竹林裏邊搖邊唸：「搖竹頭，不用愁；搖竹尾，年底抱個大烏龜（即男娃娃）」，然後各採竹葉插於頭上而歸。

3 冬節糯米圓

「冬節」即冬至，也是民間的傳統節日之一。在農曆中沒有固定的日子，在陽曆中則固定在十二月二十二日。潮州人過冬節的特別之處是家家戶戶都要做糯米圓，俗稱「冬節圓」。

冬節糯米圓

潮汕人家往往趕在冬節以前舂好糯米粉，到了冬節前一天的晚上，便闔家老少圍坐在一起，說說笑笑搓捏糯米圓。冬節糯米圓搓得越大大小小參差不一越好，名為「公孫父子圓」，是男女老少和睦圓滿的象徵。

冬節這天淩晨，除要用煮熟的紅糖湯圓祭拜祖先和司命公之外，家中各人，不論大小，都要吃湯圓，吃了湯圓就算增加了一歲，這也許是古代曾以冬至為歲首的一種遺風吧！祭祖以後，就拿祭祖的糯米圓貼到門環、牀頭、櫃頭、飯桶、廚灶、穀倉、米缸、碓臼、水車、犁耙、牛舍、豬寮、雞棚之上，幾乎無所不貼。以此表示人們對用物、農具和家畜的感激之情，同時也作為一切事物圓滿順利的象徵。據說所貼湯圓要過三天後才可取下，否則，取的人指甲邊的皮膚就會皸裂。饒平鳳凰鎮還要在老爺和祖宗的香爐裏插上湯圓，三天後便把湯圓取下來煮給大家吃。相傳如果不到三天便把湯圓取下，取的人非流鼻涕不可。

這一天，耕牛也要牽回家中過節，還要用湯圓餵牠。如果牛不肯吃，便要設法用菜葉、蔗葉之類包着哄牠吃，牛吃過後也算大了一歲。有些地方還要在牛的前額、雙角、脊背、尾巴等處貼上湯圓，希望牠和主人一樣添福增壽。

生產水果的地區，還要把冬節圓貼到果樹上，並在果樹上劃破一點樹皮，澆上圓湯，以祈來年豐收，碩果累累。

有些山區，還在門環上插榕枝、竹葉，以祈家中各人像榕樹一樣健康長壽，像竹子一樣節節高升。

4 入學儀式和成年禮

過去，兒童首次入學也有一套儀式。做父母的要提前通知外公外婆，外婆獲悉後便會送來桌椅、衣服、鞋襪、兜帕、糖葱、豬肉、雞蛋等禮物，表示關懷和祝賀。入學第一天，父母要備下甜豆乾、豬肝、炒葱、龍舌魚、大蒜、芹菜等煮給孩子飽餐一頓，還要邊吃邊唸：「食豆乾，食豬肝，將來做大官；食大葱，入學讀書會精通；食龍舌魚，將來舌頭才會靈；食大蒜，才會算；食芹菜，才會勤。」也有只做三樣菜：即豆乾炒葱、清蒸鱗魚和豬肝炒芹菜給孩子吃，都是取潮州話中肝與官、鱗與能、葱與聰諧音吉利之意。有些母親還要帶兒子到筷子筒旁邊唸訣道：「箸筒嘴闊闊，阿囝讀書嘴煞煞」，希望兒子口齒伶俐，能言善辯。

孩子開始上學時要吃紅雞蛋，據說雞蛋能壓驚，兒童吃了就不會為教師的尊嚴所嚇倒。入學時家長要帶着孩子到學校，用糖、葱、雞蛋祭拜孔夫子，請求孔先師正式收他為徒。祭畢，即將祭品分送給教師和同學，以示尊師和愛友，同時也可得到教師和同學的關照。

豐子愷課堂漫畫

自己家中的

牆壁上，也要貼上一張紅紙，上書「至聖先師孔夫子之神位」，再在神位前放一隻香爐和各式祭品，讓兒童祭拜。祭畢，要在水缸上面吃飯，缸蓋上除了菜肴之外，要特別放上一根吹火筒。飯後必須吹一下火筒，往後讀書才會聰明開通。有些兒童入學時喜穿紅皮木屐，雖然呱呱作響，有礙安靜，但因據說是效法明代狀元林大欽，所以也就無人干涉了。

如今，除了某些農村仍保持着入學前吃紅雞蛋的習俗外，其餘的積習早已革除了。

「出花園」是為兒童舉行的成年禮，與古人的「加冠」禮儀相類似。潮汕人認為，小孩子天真爛漫，無憂無慮，備受人們的關心和愛護，就像鮮花生長在花園裏一樣。到了十五歲，已經長大成人了，就應該離開「花園」，走向社會，於是便產生了「出花園」的儀式。

出花園要在選定的吉日裏舉行。首先要採十二種不同的鮮花浸水給孩子沐浴，藉以洗刷孩子身上的稚氣，然後纏上母親縫製的新腰兜，腰兜裏面要放十二粒桂圓（龍眼乾）和兩枚「順治」銅錢，穿上外婆送的藍色新衣和紅皮木屐，象徵着孩子走出花園後，一年十二個月都圓滿順利。

這一天，父母還要備辦五樣菜（鴨、蟹、豬肝、龍舌魚、雞蛋）以及香燭果品等物，放在牀上的一隻淺沿竹筐上，前面擺一個盛滿大米的米筒作香爐，焚香祭拜牀上之神 —— 牀婆。也有用十二碗甜薯粉糰、十二盅烏豆酒以及果品三牲祭拜的，男孩的三牲要用公雞，女孩的要用母雞。

這一天，出花園的小孩要整天待在家裏，不能到處亂跑。實際上是要求他們從此以後要循規蹈矩，不再貪玩淘氣。

出花園的早晨，還要到附近的神廟祭拜「花公媽」，答謝他們的庇護之恩。中午要宴請親友，出花園的兒童要與客人同桌吃飯，而且還要坐到大位上去，象徵着孩子已成家中的棟樑。有些地方還要特別做一味豬肝炒葱給孩子吃，吃的時候要坐北朝南，母親則在一旁唸道：「阿囝是坐北向南，阿囝已長大成人」。飯後便拿出一雙大「膠掠」（竹製的大圓筐）放在空地上，讓出花園的小孩一躍越過，象徵着他已跳出花園，踏上了人生的征途。圍觀的人則鼓掌歡笑，慶賀他已長大成人。

5 手續紛繁的婚嫁禮儀

舊社會，潮汕地區的婚嫁禮儀，項目眾多，手續紛繁，令人眼花繚亂，而且地區之間、貧富之間、潮籍和客籍之間還有一定的差別。一般說來，其程序大致有：合婚、開聘、定親、迎親、出嫁、上轎、出轎、拜堂、鬧洞房等項。

合婚：一般是由媒人或親友介紹，介紹人把女方生辰（出生年、月、日、時）庚帖送到男方，由男家將雙方庚帖送請星家合婚。經星家推算，認為雙方生肖不會「相沖」後，便把雙方庚帖陳於「灶神」前，如三天內雙方家庭平安大吉，便被認為可以相合。否則，便要將女方庚帖退回。

開聘：合婚相宜後，第二步工作便是「相親」，一般是女方到男方相親，主要是看房子和家產，名為「看家風」。如無異議，便可議聘開聘：一般是在紅摺帖上詳列男方聘禮和女方妝奩數目，如聘金、布料、金銀首飾多少及茶儀糖料若干等。普寧、揭西、陸河等客家地區舊時稱聘禮為「酒水」，「酒水」與「嫁妝」要相稱。

最低檔次的酒水為「雞公酒」，即由男方送女方兩隻公雞、兩斤豬肉、兩壺水酒和幾對雞蛋。稍高一等的稱為「食籮格」，「籮格」是精緻的竹籃子，「食籮格」就是把酒肉雞蛋之類裝滿一擔籮格作為酒禮。再高一等的叫做「衣籮酒」，「衣籮」是精緻的竹籮，容量比籮格大，能裝更多的禮品。更高一等的稱為「些」，最高的稱為「榼」。「些」和「榼」都是木製的盛器，專供送禮之用，容量比「衣籮」大得多。潮州有一種嫁妝叫「全廳面」，即新娘到夫家後，從廚房、臥室到廳堂的一切用品，如大牀、桌椅、皮箱、梳妝台、金銀首飾、木桶板凳等一應齊備，這當然是高檔的嫁妝了。

定親：聘單紅帖由媒人送到女家後，若女方認可，男方便可送聘定親。「送聘」又稱「納采」，由男方擇吉日把聘金送到女家，女家收妥後，立即回送男方兩個糖包，並插上石榴花，表示已經受聘。有的地方還送上春草二叢，謂之「草頭結髮」；豬心一個，謂之「永結同心」；五種農副產品（稻穀、綠豆、酵母餅、龍眼乾、薯粉糰），表示五子登科；香蕉若干，表示「百子聯芳」；雌雄雞各一個，象徵鴛鴦比翼；甜糖烏豆球一個，稱為「拿給箕裘」，以示繼承祖業等等。送聘受聘後，男女雙方各買糖包分贈親友，謂之「食甜」。親友則以賀禮相送，送給女方的可以添作嫁妝的禮品，稱為「添箱」。

迎親：男方擇定迎娶吉日後，用紅帖寫明送達女家，叫做「報日」。迎親有兩種方式，一種是新郎親迎；一種是由男家請「好命人」代迎。迎親時由男家備轎車一輛，前面有二人提着一對大燈籠，外加幾位吹鼓手和若干親友，鼓樂迎娶。較隆重的，在轎車後面還跟着另一轎車，供新郎或代為迎親的「好命人」乘坐。新娘出嫁前要邀同寅姐妹食厚合甜菜，共睡於爐灶之前，只用稻草作墊。傳說古時候有一女子，備受繼母虐待，不給牀鋪睡覺，每晚都睡在灶前草堆之中，後來出嫁旺夫，成為富貴人家，習俗便由此故事演化而來。女子出嫁前要沐浴更衣，浴湯裏要放仙草、石榴花等十二樣花，叫做「洗十二樣花水」。洗浴後要在浴盆裏吃兩個熟雞蛋，據說這樣可使將來的生育順利。有些地方還規定新娘的衣衫不能縫口袋，惟恐新娘把母家的財氣裝進袋子裏帶走。

上轎：新娘上轎車前，要由她的家人手拿一枝石榴花向轎車裏拂掃幾下，以除邪煞，新娘上轎車時手拿鴛鴦蠟一塊，烏糖一撮（一般用手巾包着，過門後即遞交新郎，放在牀頭），由一位福氣大的人牽她上轎車。上轎車後即用紅紙貼於車窗處，然後再拿一碗清水潑向車頂，邊潑邊唸：「清水潑上轎，做夫人阿奶樣」或「碗水潑上轎，女兒變做夫人樣」。

出轎：轎車到了男家，要按男家擇定的方向歇下，由新郎撕去紅紙，用足向車門踢三下，又用扇子向車頂擊三下，然後由一位有福氣的人牽新娘出轎車。出轎車時要跨過一堆稻草火，叫做「跨火煙」，有的地方則稱為「騎金馬」，表示已矢志跨入夫家。邊跨火煙邊說好話，粗俗一點的唸：「新娘跨火煙，明年生男孫」，文雅一點的則唸：

手牽阿娘跨火煙，夫妻偕老二百春。

金馬上堂玉堂客，五代同堂公抱孫。

火煙踏別步再移，輕輕邁步入房邊。

夢得明年得貴子，雙雙貴子讀書詩。

新娘入屋時不可踏門檻，據說如果踏了，夫家便不興旺。有些地方在踢轎之前，要由媒婆帶一個十幾歲的孩子，手托檳榔盒，盒內放檳榔數粒，銅錢數百，然後扶着孩子向新娘行三鞠躬禮。禮畢，媒婆便從檳榔盒裏拿出幾百銅錢給那孩子，邊給邊說好話，名為「壓轎」。

壓轎畢，才啟封、踢轎。新郎踢轎時，媒婆要在旁邊「說四句」，如說：「薑葉紅，就請娘仔過君房，今日就是好日子，二人相惜心相同」等等，然後由好命的長輩，把寫着「千子萬孫，長命富貴」的米篩、簸箕，舉在新娘頭頂上，媒婆則手執新娘的裙頭，領着新娘徐徐進屋。有的地方，還有新娘進屋必須倒行的規定。

拜堂：新郎新娘一般要由媒婆攙扶着，先拜祖宗，後拜父母及長輩，然後夫妻對拜，這就是拜堂。拜堂時鼓樂喧天，十分熱鬧。拜堂後，宴請親戚朋友，新婚夫婦同桌吃飯，互相交杯換盞，叫做吃「合巹酒」。午宴後，新娘要向長輩及來賓敬茶，俗稱「新娘茶」，飲茶者要贈送紅包或金銀首飾，叫做「賞面錢」。

新娘入洞房後，還要由一位福氣大的婦人陪新郎新娘吃「結房圓」，吃至中間要調換着吃。吃畢便替新娘解下縛在腰間的肚兜，肚兜裏裝有油麻、綠豆、穀粒、龍眼、錢銀。表示這些東西是從母家兄弟中分來的，象徵興旺發達。

鬧洞房：新婚之夜，以左鄰右舍的青年男女為主，

行茶禮

喜氣洋洋地鬧着要看新娘、吃喜糖，這就是鬧洞房。有些地方，鬧得還很有風趣，如有些客區，當新娘怕羞，手執花扇把面部遮住，不肯露臉時，便有人「作四句」逗她：

靈燭點火光閃閃，
手拿花扇面裏遮；
新娘不讓大家看，
定是斑面兼獠牙。

新娘受激，只好把花扇拿開，露出真容。於是人們便高興地同頌吉利四句：

靈燭點火光聚聚，

新娘生來笑眯眯，

明年之後生貴子，

勝過唐朝郭子儀。

鬧過洞房之後，新郎要替新娘除去頭冠，除後，須用手輕按新娘的頭部，叫做「按落頭」。據說這樣做了，可使新娘千依百順，服從丈夫管束。上牀睡覺時新郎要小心謹慎地把鞋子藏好，千萬不能讓新娘偷踏着，據說如果讓新娘踏着了，婚後就會怕老婆。

6 飲酒的禮俗

潮州人喜歡飲酒，也製造過聲名遠播的名酒。宋代蘇軾曾經接受過潮人王介石和泉人許玉饋贈的潮州「酒子」，並為此而作《酒子賦》，又曾用潮州酒和福建茶作禮物送給鄧安道。說明宋時潮州美酒已可與福建名茶相媲美了。至於「長春酒」則更是馳譽中外，遠銷香港及東南亞各地的中國八大著名藥酒之一。

潮州人在長期的飲酒過程中，形成了一套飲酒的禮俗。如宴客斟酒時，應當壺嘴向外，壺耳向內。如果酒倒不出來，只可用嘴吹吹壺嘴，切不可揭開壺蓋俯身往裏瞧。在左邊斟酒時要用右手提壺，在右邊斟酒時要用左手提壺。還要懂得喝酒的「二忌」：一忌搖晃酒瓶或酒壺，二忌打開酒壺蓋。據說如果犯了忌，喝酒的人便會酩酊大醉兼嘔吐。吃飯時須由長輩先叫食，晚輩人才可舉箸。夾菜、喝湯時不可連續兩次舉箸或舉匙。如果要把盤中的魚反過來吃，就必須說「把它順過來」，否則便會不順利，行船的人還可能翻船哩。

7 水井習俗

潮州水井非常普遍，這大概與古代潮州瀕臨大海，韓江水鹹不能飲用有關吧！在潮州人的心目中，水井是由「井神」管轄的聖潔之地，不許弄髒，不許在井邊晾衣物，尤其不許晾婦女的衣褲，惟恐褻瀆井神。汲上來的水，不許倒回井裏，誰要違反了，就會耳朵聾。

他們認為，水井裏的水族是井神的兒孫，不允許捕捉和傷害，打水時不慎打了上來，也要趕快放回去。因有這些規定，所以潮州的水井，一般都很乾淨，而且水井裏面，大都有烏龜、甲魚、紅鯉、金鯽之類生息繁衍。「鳳棲泉」裏便經常有顏色豔麗、形狀怪異的魚兒出沒。而西湖「高隱泉」則有「早晨井裏出什麼魚，當天出海就能捕獲什麼魚」的傳說。

相傳南宋末年，宋帝昺被元兵追趕，輾轉萬里，來到潮州太平路時已人困馬乏，飢渴難忍，忽見前面有口水井，真是喜出望外，快步上前察看，卻因身邊無井桶，水深不可及而無可奈何，只好望井興歎。不料歎聲未了，井裏的水卻嘩啦嘩啦地往上漲，一直湧到井欄邊，宋帝和陸秀夫、張世傑等羣臣和士兵，美美地喝了一頓清甜的井水，無限感慨地說：「井水也有君臣之義啊！」於是人們便稱這口井為「義井」。

潮州人對「井神」也是十分敬重的，有的地方稱之為「井公」「井奶」，剛過門的新娘要到井邊焚香膜拜，然後打起一桶水，一半灑向四方，一半倒回井裏，叫做「煞井」。「煞井」以後，才能到井裏打水。

大年除夕，家家戶戶都要把水缸裏的水排滿，至少要挑夠三天的用水，水挑好後便用「竹葫」(平底的圓竹筐）把井口蓋好，叫做「封井」。正月初一、初二兩天，誰都不到井裏汲水，怕沖撞了井神。到年初三中午才由村中老成的婦女（自己的井則由主婦負責）率領村民「祀井」，一般是用大桔、紅糖、清茶、香燭、銀錠等物在井邊祭拜，拜畢便揭開「竹葫」，把一半紅糖和三杯清茶倒入井裏，然後打井水十二桶（閏月則打十三桶）倒落地面，邊倒邊「唸四句」，名為「開井」。開井後，各家婦女都要打一桶水倒入自己的水缸，叫做「福水」，家人吃了「福水」才有福氣。

有些地方「封井」和「開井」的風俗很特別，如鳳

潮州太平路「義井」

眼村的「鳳眼井」由於其水清如鏡，甜如蜜，所以被稱為「鳳水」。每年除夕，都要由鄉中長輩把十二個「如意柑」（潮州柑）投入井裏，然後才封井，十二個「如意柑」象徵着一年十二個月風調雨順，月月如意。年初一早晨，再由長者焚香放炮，把井蓋揭開，這時早已圍在井邊的村婦便爭先恐後地把井桶投進井裏，搶着要撈「如意柑」，誰要是撈到了，誰就會「萬事如意」。

潮州人深懂「飲水思源」的道理，遠離故鄉的人都忘不了故鄉的水井。大凡喬遷他鄉或海外的人，都要撈一杯井裏的泥和水隨身帶走，到了新定居的地方，便把它投進新的水井裏，據說這樣還可以避免不服水土哩。

8 擊鼓分秧唱畬歌

清代鄭昌時《韓江聞見錄・觀稼亭》詩中有「荷鋤課雨原頭立，擊鼓分秧柳外逢」句，其下註云：「分秧時擊鼓、唱畬歌是潮人舊俗」。這裏所說的「畬歌」，並不是畬民之歌，而是潮州人用潮州方言唱的土歌。

江心泰《粵遊小志》說：潮州春時連村插秧，命一人擊鼓，每鼓一巡，插秧的人便羣歌競作，連日不絕，名為「秧歌」。說明清代以前，潮州人原有擊鼓分秧唱輋歌的習俗。現在已不見流傳了，存下來的只有遊藝性的「秧歌」。

薅秧擊鼓唱歌的習俗，至遲在漢代已在四川等地流傳。1953 年四川省綿陽縣新皂鄉出土了一件東漢的陶水田，田中塑有五個人像，作水田勞作狀。其中一人，腰部懸鼓，雙手作擊鼓狀，顯然是擊鼓薅秧的寫照。1982 年 2 月，綿陽市城郊公社又出土了一件東漢秧鼓陶俑，

四川都江堰市薅秧歌

身高是 18.6 厘米，身着短褐，腰束寬帶，袖筒褲腿高高捲起，裸臂赤足，雙手執桴作擊鼓狀。元代王禎《農書》載有「薅鼓圖」一幅：田裏有五人耘草，田邊有一人擊鼓，並引宋代曾氏《薅鼓序》作為說明：薅田有鼓，自入蜀見之開始時作為召集眾人的信號，人來齊了則作為統一勞動節奏，加強勞動強度，防止農夫談笑的手段，聲音促烈清壯，自朝至暮不絕。薅秧鼓的習俗很可能源自四川。直到現代，四川江油、平武、青川等不少地方以及湖北恩施地區仍有薅秧的遺俗，並已形成一套完整的程式。潮州自宋代以後，便有不少蜀人，如通判陳堯佐（四川閬中人）、郡守常禕（四川臨邛人）等陸續仕潮，所以潮州古代的秧鼓，很可能是從四川傳入。

八 神祇信仰

1 雨仙爺的故事

在中國，自古以來便有苦旱求雨的習俗。在潮汕地區，求拜的對象主要有雨仙爺、大聖爺、雷神爺和城隍爺，其中尤以雨仙爺的影響最大。

相傳雨仙姓孫，名道者，揭陽市登崗鎮孫畔村人。生於宋代乾道九年（1173），也有人說他生於乾隆四十年（1775）。

道者幼時父母雙亡，依兄為生，常常牧牛於寶峰山上。他以竹技圈插地上為界，放牛其中，自己卻到別處玩耍，牛在圈內吃草，竟日不出所劃界限。其他牧童見狀，紛紛要求他幫忙，也把牛圍在圈內，以便一起玩耍。道者答應了，但要他們每人貢獻甜粿（年糕）一片。惟其中有一年長牧童，故意不獻甜粿。道者生氣了，隨手取一片樹葉，覆於他的牛背上，這條牛馬上便不見了。過了幾天，這條牛再度出現，但已變為石牛了，至今仍蹲在寶峰山的左麓。

嫂嫂命道者上山砍柴，道者常常一去半日，空手而歸。嫂嫂生氣了，罵道：「無柴怎麼煮飯？難道要燒你的腳骨麼？」道者聽後，即走近灶門，伸一腳入爐膛，代薪煮飯，爐內噼啪作聲，烈火熊熊，嫂嫂驚愕，急忙把他拉開，道者之足竟安然無恙。可是翌晨起來，鄰居的桌腳都燒焦了，大家都十分驚奇。

過了一段時間，嫂嫂又叫叔叔砍柴，道者說：「我已預備了許多柴草，請您到隔壁接柴便是。但您切記不要說『夠了』『不要了』等字眼。」嫂嫂依言而行，到了隔壁，果見一把把乾柴，從隔牆那邊遞將過來。嫂嫂十分高興，一口氣接了數十把乾柴。但很快便累得不行了，一用力，連褲帶也已掙斷，手裏拿着柴，褲子往下掉，心裏一着急，忙喊「夠了！叔叔夠了！」這一喊十分靈驗，柴草再也不過來了。原來這些都是道者平日砍下、曬乾，用法術裝在小煙袋裏的柴草，這一回他只從中取出四分之一，便把嫂嫂累得不行了。

有一回，道者陪哥哥到潮州城裏辦貨，哥哥叫他留在船上守船，他自己上岸辦事。哥哥剛走，道者便尾隨其兄，上岸玩耍。不意為兄發覺，很不高興地責備道：「你這樣不聽話，難道不怕連船帶米都給人偷走麼？」道者笑眯眯地答道：「哥哥請放心，我已請了幾位小朋友代我看管着哩！」哥哥不相信，親自回船察看，果見有三四個小孩端坐船上看守。於是便放心去辦事，可是當他辦完事再回到船上時，這些小孩都變成了泥捏的「公仔」了。

道者十二歲那年，又隨兄到潮州城，在開元寺前，看見有一羣百姓，跪在烈日之下求神降雨，但天上仍是晴空萬里，無半片雲彩。道者不禁想起，前幾年自己為了不願趕雞羣到田間啄食掉在田裏的稻粒，曾用呼風喚雨的方法，請來一陣大雨，而讓嫂嫂免掉了這件自己不想幹的差事。現在土地龜裂，禾苗枯萎，百姓求雨無效，心急如焚，我應當助他們一臂之力，為百姓辦件善事。於是便對求雨的人羣說道：「大家請起，讓我求雨，管保靈驗。」

大家正在無可如何的時候，見他這樣說，只好讓他試試。只見他手拿小竹笠，遙向空中來回擺動，口中唸唸有詞，不一會，烏雲密佈，雷聲大作，大雨傾盆而下，人們無不歡天喜地，拍手相慶，都想要好好地多謝這位降雨神童。不料這位雨仙卻向人們道別，說聲「請了」，便不知去向，原來他是辦完這件善事便回寶峰山歸仙去了。

據說，數天後，在雨仙歸仙的地方——雨仙塔旁的樟樹上，發現了雨仙留下的一隻小食指頭，因為這隻指頭曾為嫂嫂拿過纏腳布，所以便不能升天了。人們為了感激他的恩惠，便砍下這棵樟樹，刻成他的雕像，當作神仙一樣拜祭，並在他歸仙的地方建起一座小塔，年年祭祀。據說，當朝皇帝還敕封他為「靈感風雨聖者」，所以雨仙又多了一個「風雨聖者」的稱號。

從此以後，每當久旱無雨時，便有成羣結隊的人到

揭陽聖者古廟

雨仙廟求雨，一般都由各地的鄉紳耆老出面，組織大鑼鼓隊，率領人羣到斗文村雨仙爺的廟裏請願。如果雨仙答應（通過信杯示意），還可請他客串到開元寺。這大概是因為傳說他曾在開元寺前為民佈雨的緣故吧！開元寺裏設寬敞的帳篷一座，中間置雨仙爺神位，四周張燈結彩，正面擺設香案，日間演戲或打醮，夜裏放煙花或祭孤魂。本地商會往往會推舉一名德高望重的老紳士作為全權代表，齋戒沐浴，向仙爺求雨。

大概因為雨仙是窮孩子出身，不像其他神仙那麼尊貴吧？所以求雨時竟敢採用「先禮後兵」的做法，即先由那位老紳士請求仙爺於某日某時以前降雨，如果過期不下雨，便向仙爺許願：或許以燒紙錢、銀錠、演戲作為報酬；或許以修橋、鋪路、祭孤，當作向仙爺贖罪補過。

如果這樣做都不奏效，那就要讓仙爺吃苦頭了。先是把他的真身抬到太陽底下曝曬，讓仙爺也嚐嚐烈日曝曬的滋味。如果仍不靈驗，便乾脆拉他到北堤岸上受刑，三步一打，邊行邊打。幸好仙爺真身不是血肉之軀，不致於皮開肉綻，鮮血淋漓。但是據說仙爺還是發怒了，招致潮州九縣幾乎都遭洪水淹沒。後來便再也沒有人敢這樣胡鬧了。

2 城隍爺趣談

祭拜城隍已有很長的歷史，《禮記》八蠟祭典中有「水庸居七」之句，其中的「水庸」便是城防，在「八蠟」神中排行第七，這是中國歷史上有關城隍爺的最早記載。後唐時城隍受封為王，宋以後城隍之祀遍及各地，明代則明文規定府、州、縣都要設壇祭祀，後來又改為建廟祭祀。

古代潮州設有府、縣兩座城隍廟，府城隍廟內，除有城隍爺塑像外，還有四尊泥塑差役、十八尊掌管各方的土地、一尊查簿官、一名護衛江爺和一名負責傳達通報的速報爺，簡直是古代官府衙門的縮影，因而也引出了許多祭拜城隍時發生的趣聞和怪事。比如賣棺材的人可向城隍祈求「利水長來變黃金」，賭徒可以祈求大發橫財，慣偷可以祈求出手順利等等，雖然都是損人利己的壞事，只要城隍爺得到好處，他老人家都樂意幫忙。又比如，你想祈求城隍爺庇佑你消災納福，你就得先備一份祭品送給「速報爺」，否則他就不給你通報。這就是民間所說的「速報爺多食過城隍公」的原因。如果你請求益壽延年，就別忘了多帶一串「元寶」，掛在「查簿官」的脖頸上，否則那老頭兒就不肯在「生死簿」上增加你的陽壽數。

據清代江心泰《粵遊小志》記載，潮州向有到城隍廟報喪的習慣，名為「報地頭」。倘若你到廟裏「報地頭」，可千萬別忘了給「差役」嘴上抹鴉片。因為那些兇神惡煞的陰差，都是些有名的煙鬼，如果不塗鴉片，你親人的靈魂就難免要受皮肉之苦。總之，在人們心目中，在城隍廟裏的差官，沒有一個是好人。

揭陽縣城隍爺更糟糕，竟是一名好色之徒。他每年都要出遊三天，遊遍揭陽城的大街小巷。有一回附城東門外廳圍村有一美女，城隍爺出遊時剛好她在城裏親戚

廣東最大的城隍廟 —— 揭陽城隍廟

家看熱鬧。城隍爺坐着轎子光臨了，人們都誠惶誠恐地頂禮膜拜，這位鄉下少女卻目不轉睛地注視城隍爺的堂堂儀表，並且毫不掩飾地對身邊的嫂嫂說：「如果能嫁一位像城隍爺那樣俊俏的丈夫，那就心滿意足了」。嫂嫂聽了嚇出一身冷汗，趕忙用手掩住她的嘴，不許她胡說。原來這揭陽縣城隍神像，是一尊木雕精品，和真人一樣高大，身軀和四肢關節都能轉動，可以坐站自如，錦袍玉帶，儀表堂堂，也難怪這位鄉下少女會對他產生愛慕之情。雖然嫂嫂嚴肅地對她提出忠告，她仍是如癡如醉，含情脈脈地目送老爺遠去後才回家。

不料當天晚上，城隍老爺真的光臨她的臥室，和她成了親。不幾天，家人發現她神情有異，便向她追問情由，追得緊了，她無法搪塞，只好照直說了。人們聽後，驚異萬分，但又不相信堂堂城隍老爺竟會幹出這等事來！於是便唆使美女說：「如果老爺再來，你便設法偷他一隻皮靴，看他究竟是否真的是城隍老爺」，美女應允了。當晚，老爺果然又來，美女早有準備，毫不費勁地便偷得了一隻神靴。

第二天一早，廟祝發現老爺腳上少了一隻皮靴，便到處張揚，以為是給小偷偷走了。這樣一來，城隍爺和美女的韻事便不脛而走，傳遍了大街小巷。那美女聽了羞愧無地，後悔莫及，一天天消瘦下去，沒多久便與世長辭了。於是便有人在城隍廟後面，建造一座「夫人殿」。

3 司命公和灶君爺

舊時代，人們迷信，以為一事一物均由神靈主宰，一家一戶之內也有門神、井神、窗神、招財爺、司命公和灶君爺等等神位之設，其中較普遍而有趣的自然要推「司命公」和「灶君爺」了。

司命公據說是玉皇大帝派來監視民間活動的命吏，各家各戶發生的事情，大至衣食住行，小至小孩子摔跤打架，司命公都記錄在案，了如指掌，並且定期向玉帝稟報。因此，誰也不敢得罪他，家家戶戶都設壇供奉。供奉的形式倒很簡單，或一幅畫像、或一個香爐、或一尊木偶都行，只要承認他是「司命公」就可以了。

司命公這個差事也不好當，要管許許多多的家常雜事，實在忙不過來，有時忙得蒙頭轉向也會弄錯，搞錯了還要受罰哩。據說有一次某人因為家貧如洗，衣食無着，在極其困難的情況下，編造了一套黃粱美夢，自言自語地胡說什麼「醃豬肉」「燉肥雞」「紅燒鵝」，還有綾羅綢緞之類，聊以自慰。不料司命公卻把他的胡言亂語當真，不僅記錄在案，而且還向玉帝報告。玉帝屈指一算，發現此人吃穿的陽祿已盡，便命閻王派小鬼把他捉拿歸陰。陰府一審訊，此人便以實情相告，才知道是司命公弄錯了，只好又放其生還。玉帝了解原委後非常生氣，一怒之下，將司命公廷杖一百。從此以後，司命公辦事也認真多了。

關於司命公的來歷，民間傳說他原是普普通通的老百姓。夫妻兩口，原可自給，後因天災人禍，無法為生。司命公心地善良，寧肯自己餓死，也要給老婆留條活路。他堅決要求老婆離開自己另找出路。其妻起初不答應，後為生活所迫，丈夫又苦苦相勸，只好忍痛分開了。

分開後，其妻改嫁給一位財主，有吃有穿，不愁衣食。司命公本人卻越來越困難，加上日夜思念愛妻，竟至神經錯亂，流落街頭做了乞丐。他完全麻木了，不知過去和未來，也不知痛苦和歡樂。有一天，他來到妻子的門口討飯，妻子一見到他便抱頭痛哭起來，而他卻不知道她是誰。妻子對着他傷心地哭訴衷情，在妻子的呼喚下，他終於甦醒了，也跟着妻子一起悲泣。

妻子見狀，驚喜交集，忙拉他到屋裏細談，勸他暫住財主家幫工幹活，不要再外出討飯了。司命公卻說：「你的好意我心領了。像我這種人，留在世上除了給你添麻煩外，還有什麼用處？」

不料隔牆有耳，他倆的談話都給財主聽見了，狠毒的財主，衝進來手起刀落，一刀便把這可憐的叫化子砍死了。妻子見狀，便衝上去要和財主拚命，財主卻嬉皮笑臉地說：「唉呀呀！這個叫化子原來是你的前夫呀！你為什麼不早說？誤會、誤會，萬望夫人恕罪！」

事已至此，妻子也無可奈何，只好含着悲痛將前夫安葬。

司命公死後，他的妻子常常夢見他受陰府封贈，最後還被封為司命公，專管民間的一切事情。妻子把夢中的情景告訴財主，財主又驚又怕，忙在家中安一香爐，祀奉叫化子的亡魂。左鄰右舍聞知此事後，也紛紛效法。於是一傳十，十傳百，不管城市還是鄉村，家家戶戶都崇拜「司命公」了。

灶君爺是專管飲食炊煮的神靈。「民以食為天」，有食無食、食好食壞，都歸灶君爺管轄，人們自然不敢怠慢這位灶君大老爺。

農曆十二月二十四日，是灶君上天的日子，家家戶戶都要歡送灶君爺上天。「送灶」又稱「祀灶」或「小年」，是古代「五祀」之一。潮州「祀灶」的供品很有趣，一般都擺設有壽桃、奏疏、紙馬、紙鶴和燈芯。「壽桃」是用白糖、麥芽糖等物，在一塊大紅紙上塑成，是獻給玉帝的禮品；「奏疏」是託灶君上呈玉帝的感恩信，末尾署有弟子闔家的姓名；「紙人紙馬」是印在紙上的駿馬和仙鶴，是灶君爺上天時的腳力；燈芯則是灶君在路上的照明物品。有了這一應物品，灶君爺便可順利升天了。

灶君的假期共有十天，叫做「年假」。入了「年假」，因為神靈都上天去了，民間可以隨便動土改灶，不必另擇吉日。

正月初五日是灶君假滿回來的日子，為了迎接灶君歸來，年初四便要做好各種準備工作：庭院要進行大掃除，水缸要挑滿淨水，缸蓋上要放一把稻草，灶前要設香案等候。初五日一早，全家老幼都要沐浴更衣，在香案前跪迎灶君歸來，俗稱「迎灶」。滿滿一缸淨水為灶君「接風洗塵」，缸蓋上的稻草足供灶君的坐騎做飼料，灶君才會心滿意足。

拜灶君爺

4 安濟聖王出遊

青龍廟又名安濟廟，廟內所祀安濟聖王——王伉，原為蜀漢時期永昌府丞，困為守城捍賊有功，升為太守。死後，川滇人民把他當神明奉祀。到了宋代，才被皇帝封為「安濟聖王」。聖王為什麼會變為蛇神？這是因為傳說他做永昌府丞時，鄰府鬧饑荒，啼飢號寒，餓莩遍野，慘不忍睹，而日盼夜盼的救災「聖諭」卻渺無音訊。

王伉覺得不能再等了，以「民為重，君為輕」，斷然開倉放粟，並親自率眾到災區救濟。但是路程遙遠，至少要十天才能趕到，救災如救火，十天內不知又要餓死多少人啊！帶路的嚮導見他焦急萬分的樣子，便告訴他還有一條近路可走，但必須翻過一座大山，山上有一條吃人不眨眼的蛇精，所以無人敢通過。王伉聽後，決定冒險前行，他們跋山涉水，不二日便來到蛇精出沒的地方，王沆跪向深山，向蛇精禱告，說明他們是為救災而來，請求蛇精讓他們通過，並保證事畢回來時一定獻身蛇腹。禱告畢，便放膽前行，果然一路平安，順利完成了救災任務。回來時，大家都勸他走大路，千萬不可到山路上去冒險，但是他卻不願食言，帶了兩個僕人，毅然從原路回轉。

他們回到深山蛇窟，正待向蛇精禱告時，忽地一陣寒風迎面襲來，呼的一聲，斗大的蛇頭伸向王伉，王伉毫不畏懼，撩衣向前，準備躍入蛇口，不料大蛇不但不吃他，反而讓他跨上蛇身，飄然向西而去。從此，王伉便變成受人祭拜的蛇神了。

雲南的蛇神是怎樣來到潮州的？據說是明代有雲南人來潮州做官，奉王伉的香火同來，並於郡城南門外青龍埔立廟致祭，名曰「青龍古廟」。從此，潮州民間便稱王伉為「青龍爺」或「大老爺」。

另有一種說法，傳是明初潮州人謝少蒼在永昌做官時，當地發生嚴重旱災，他未經朝廷批准，便擅自打開倉庫救濟飢民。朝廷知道後，罰他曝日七天。烈日曝曬，迷迷糊糊，正在危急之際，夢見有一神明前來庇護，驅烏雲遮烈日，幫他渡過了難關。赦罪以後，他才發現夢中的神明與附近「王伉廟」中的王伉像一模一樣。後來他回潮州時便奉王伉的香火及偶像回潮州，立廟祭拜。

清代江心泰《粵遊小志》記載：「潮州青龍廟，跨城南大堤，當韓江之沖，神素靈應，常有靈物蜿蜒憑龕，次香案間，其色青，過潮者咸祀之，然不可必見也」（乾隆《潮州府志》所載相同）。相傳小青蛇喜歡石榴花，所以人們發現青蛇時，都以清潔大花瓶，插上帶葉石榴枝，開花者更好，置於廳中，毒蛇自登其上，蜷曲不動，然後用八音大鑼鼓送牠歸廟。若在廟中發現，亦以石榴花供奉，並敲鑼打鼓遊行於市。每當韓江水漲，潮人看見隨水漂來的小青蛇，都認為是王伉的化身而加以保護和崇拜。據說人們在廟中致祭時，小青蛇有時還會出來吸酒，每蛇約有一杯之量。

潮州民間傳說安濟聖王善賭博，常與城西真武帝君賭博取樂。有一回，真武帝君連連敗北，最後連老婆也輸給了安濟聖王。聖王本已有妻，所以把贏來的老婆封為二夫人。後來，安濟聖王與兩位夫人出遊時，真武帝君的廟門總是關得嚴嚴實實的，據說就是因為真武帝君感到羞恥，無顏再與他們相見的緣故。

又傳說二夫人多子，所以每當二夫人出遊時，不少壯而無子的男人都搶着要手按二夫人的轎柄，據說按了轎柄，便能早生貴子。

其實，潮州的祀蛇習俗或非始自明代，也不是從雲南或梧州傳來，而是源自潮州土著先民的蛇崇拜。

潮州先民，原屬百越族的一支，與福建閩族有密切關係，昔人稱潮州人為「福佬」，即是從福建遷來的意思。而閩人之所以稱「閩」，就是因為他們祀蛇。漢代許慎《說文解字》說:「閩，東南越，蛇種也」。所謂「蛇種」，如是他們以蛇為圖騰，進行蛇崇拜之謂也。

潮人祀蛇始於何時，史無明文。但至遲在宋代已見記載。《輿地紀勝》說:「梅州有安濟王行祠，在城東隅，其廟在惡溪之濱，崇寧二年（1103）賜額」。《嘉應州志》也載:「南宋以前，當以溪流險惡而求安濟，故祀此水之神，以『安濟』為名。」梅州原屬潮州程鄉縣，說明早在宋代，潮州管轄的地區已有「安濟王廟」之設。

雖然當時的安濟王廟是否祀蛇，仍不得而知，但有關潮州祀蛇的記載，在南宋時已經屢見不鮮。據《浙江通志》記載，南宋紹興（1131—1162）年間，沈造任潮州通判，當時有韓山神，須用童男童女為祭品。沈造焚其廟，毀其像，得巨蛇而殺之，凶祀遂絕。

又據順治《潮州府志》記載，南宋咸淳（1265—1274）胡穎任廣東經略使，潮州僧寺有大蛇，官民皆信奉之，郡守懾於輿論，也不敢不祭拜，有的竟至為蛇嚇死廟前。胡穎至廣州，命令潮州僧人抬蛇而至，蛇黑色，大如柱，載於欄檻之中。胡穎對蛇宣佈：「如果你有神靈，便在三日內變怪，三日不變，便說明你不是神。」三日過後，蠢蠢然與常蛇無異。於是便把牠殺掉，同時毀其寺，罪其僧。

明清時期，潮州祀蛇習俗有增無減。清代吳震方《嶺南雜記》說：「潮州有蛇神，其像冠冕南面，尊曰『遊天大帝』，龕中皆蛇也。欲見之，廟祝必致辭而後出，盤旋鼎俎間，或倒懸樑椽上，或以竹竿承之，蜿蜒糾結，不怖人也不螫人，長三尺許，蒼翠可愛。」咸同以前，潮州已有「三界廟」「青龍廟」等多處祀蛇的寺廟，其中尤以「青龍廟」為著。安濟聖王是潮州人最為信仰的神明，遊神時也格外隆重。遊神的日期要於年初三在青龍古廟中擲珓擇定，一般多在元月二十三或二十四日開始。據說若在二十四日以前出遊，則一年內地方安寧，若於二十八日以後出遊，則一年內地方多故。

日期確定以後首先要「洗安路」，即由一小隊人扛着「肅靜」「迴避」的安路牌，敲着馬頭鑼，沿着遊行的路線行進，邊走邊大聲宣佈聖王出遊的日期，意在掃清路障，驅除邪魔，並通知大家及早做好各種準備。

經過充分準備以後，在出遊前三天，要舉行一連三個晚上的遊花燈，作為遊神的序幕。到了第四天晚上十點正，「青龍古廟」門口，便要響起一連三聲的禮炮，以後每隔半小時響一輪。禮炮響後，即請安濟聖王及其大夫人、二夫人上轎。十一點正，第三輪禮炮響過後，要在廟中舉行「拜起馬」儀式，然後便正式開始連續三天的大遊行。

遊行隊伍最前面是馬頭鑼，接着依次為：十六對五彩大標、安路牌「肅靜」「迴避」、八寶法器、小香案、

遊神賽會

二十四對燒檀香的錫製香爐、安濟王及兩位夫人的乘轎，跟在後面的是潮州城各社十三班潮州大鑼鼓。不僅潮州、汕頭各地，就連東南亞各國的華僑社團，如新加坡的「嗊叻社」、泰國的「暹羅社」、越南的「安南社」等也踴躍參加遊神。

遊行隊伍所經之處，無論大街小巷的商店或住戶，都在門口設祭壇，用大紅紙書寫「恭迎聖駕」四字貼於正中。焚香、設供、放鞭炮。有錢商號的鞭炮，從樓頂上直垂地面。「聖駕」到門前，家長、財主則率眾人燒香、跪拜、許福祈禱。直到第三天凌晨，「安濟聖王」才返回廟中。

5 豐祭大神

按照潮州舊俗，每年正月下旬，青龍爺出遊前兩天，都要先在潮州城裏遊花燈，名為「頭夜昏燈」。當晚，各家各戶都要把自己所養的最肥最大的雞劏好煮好，用石榴葉和紅紙花插在雞頭上，有錢人家還要給大肥雞穿金戴銀呢。青龍老爺一到，便把肥雞和其他祭品一起擺在供桌上祭拜。祭畢，便將肥雞一一稱出重量，奪魁的便獎給紅緞彩標一枝，以資鼓勵。這樣一來，青龍老爺便不愁沒有肥雞吃了。

「玄天大帝」大概是貪吃愛玩的神靈。每月正月十九日都要到古巷鎮出遊，白天遊過了還不過癮，晚上還要重遊一次。白天出遊時，老百姓需用大鵝、大魚和全豬或全羊祭拜，晚上卻完全變了口味，桌上的供品都是水果和甜食。

白天供品中最引人注目是鹵大鵝，一個個都肥得圓鼓鼓的不見脊梁骨，少說也有二三十斤重。據說這種鹵大鵝是用特殊方法飼養的：雛鵝要餵洋參水催長，大鵝要吃舒筋活絡丸增強體魄，末了還要把牠關在小籠子裏育肥。為了撐持門面，窮人家勒緊腰帶也要養上一兩隻應節。

玄天大帝出遊的時間也選得恰到好處，那時元宵剛過，春耕未始，四面八方的親友都有工夫聚集到古巷鎮來看熱鬧。驟然間古巷鎮變為人口最密集的地方。因此，在案桌上擺出又肥又嫩的鹵大鵝，不僅是向神靈表示誠心，而且也是在眾多親友面前顯示養鵝技術的大好時機。這樣日子一長，約定俗成，便形成了迎神賽大鵝的習俗。

6 鬼節施孤

農曆七月十五日是中元節，潮州人稱之為「鬼節」或「施孤」。這一節日原是印度佛教徒為了追薦祖先的「盂蘭盆會」，「盂蘭盆」是梵文，原為「解救倒懸」之意，約於梁代傳入中國，並逐步中國化，演變為中元節。

鬼節施孤時，一般都在街口或廣場搭起法師座和祭孤堂，法師座前供奉着超度孤魂的地藏王菩薩，下面擺着各種祭品。到了下午，善男信女便紛紛把全豬、全羊、三鳥、蛋品、瓜菜、薯芋、發粿、水果以至衣服、農具等物擺到祭孤台上。主事的人則在祭品上面

中元節「廟普」

分別插上各色寫着「盂蘭勝會」「甘露門開」等字樣的三角紙旗。祭孤台上立着三塊牌位和招魂幡，牌位上分別寫着「男孤魂之位」「女孤魂之位」和「兒童孤魂之位」。他們這樣做，大概是因為擔心女鬼搶不過男鬼，小鬼搶不過大鬼吧。

施孤開始之前，一般都要派人四處呼喊帶路。為使隔江孤魂能夠順利過江，有些地方還特設渡船迎送。潮州城裏施孤時，還要派船趕在施孤儀式開始之前，上溯至韓江上游的三河壩，然後邊返航邊在韓江放「水燈」（用陶缽製成的浮在水面上的豆油燈），用意在於引導韓江上中游的孤魂前來受施。有些地方，孤棚前面還立有一個巨大的五色紙人，青面獠牙，形容可怖，稱為「孤王」。「孤王」的職責，大概是要在孤魂中維持秩序了。

施孤開始時，法師身穿袈裟，手執金剛杵，率領眾僧唸動真言，然後放炮祭孤：首先將一盤盤石製桃子及大米撒向四方，反覆三次，叫做放「焰口」（「焰口」相傳是一種餓鬼，張口能噴火焰，但喉頭狹窄，不能進食，需待法師唸動真言後，才能放開喉嚨飲食）。然後，主持人便將棚上的祭品一一拋下，任憑搶奪。有的人還高舉長柄網兜，在空中承接拋下的衣物，俗稱「承孤」。有些慈善家還買了犁耙、水牛甚至窮人家的女孩子當祭品，由於這些祭品不能往下拋，只能分別寫在紙片上擲向人羣，搶到紙片的人可以上台認領，這實際上是對窮人和婦女的污辱。

施孤時往往伴隨着演大戲，有時還連演數天。所以民間流傳着「有閒來看戲，無食去搶孤」的說法。

中元節之夜，可以說是孩子的世界。他們往往模仿大人插秧的樣式，把撿來的香枝插於地上，稱為「佈田」。迷信的老人往往給予鼓勵，以為插得越多越好，是五穀豐登、糧食滿倉的徵兆。於是有些調皮的孩子，佈完自己的「田」以後，又到鄰家或鄰村去「偷田」或「劫田」，雙方家長還常常因此而失去和睦。還有一些貪玩愛鬧的少年，常用榕樹枝葉和紙花編紮成獅子模樣，由一個裝扮得奇形怪狀的男孩騎在榕獅身上，手執一根長竹竿，竿梢高懸象徵太陽的燈球，成羣結隊，四處遊蕩，邊走邊笑邊叫喊，叫做「遊榕獅」。

7 八月關神

舊社會，潮州民間盛行「關神」，也有寫作「觀神」的。關者通達也，「關神」大概就是使「神人相通」的意思，客家人聚居的地方則多稱為「降神」或「落神」。

每年八月，尤其是中秋節前後，每當月朗照清的夜晚，便到處可見成羣結隊的婦女、兒童，圍坐關神，似乎到了「神人共樂」的世界。

相傳一到中秋佳節，許多閒神散仙都要出來遊玩賞月，他們十分善良，樂意和民間接觸、溝通，於是便產生了扶乩、關籃飯神、關桌神、關箸神、關掃帚神、關猴神、關牛牯神、關蛤蟆神、關戲童、看花園和關亡魂等許多關神項目。現擇要介紹於下：

關籃飯姑、葵笠姑、筲箕姑

關籃飯姑又叫關籃神，「籃飯」是潮州婦女探親訪友常用的精竹籃子。關神時替它戴上頭巾，穿上裙衫，由幾個兒童捧着先到廁所喊道：「請大姑」，由一人代答道「大姑無在（不在這裏）」；又到小溝墘喊道「請二姑」，又一人代答道：「二姑在掌厝（要看家）」；於是便轉到盛洗米水的潰缸邊喊道：「請三姑」，一人代答道：「三姑抹粉跟你去」。「請三姑」以後才正式開始關神（有些地方則把這段「請三姑」的手續省去），開始時由一對婦女或一對兒童面對面地手扶籃飯，由一位村姑點上三炷香，插在籃飯頂端，圍觀者也人執一香，反覆朗唱請神歌謠：

籃飯姑，籃飯神，
盤山過嶺去抽藤。
抽藤縛籃飯，
籃飯老老（舊）好關神。

經過反覆朗唱，如果籃飯姑仍未降臨，則齊唱催神歌謠：

一步催，二步催，
催阮（我們）童身腳開；
一步好，二步好，
好阮童身開金口。
阿姑欲來哩就來，

勿待三更月斜西；
囝仔（孩子）哩難等，
大人哩難待。

久之，籃飯姑終於來了。開始時籃飯微微抖動，繼而大動起來。於是便有人提出各種各樣的問題，如「阿姑知我今年多少歲？」「阿姑知我家養幾頭豬？」「阿姑知我荷包裏有多少錢？」等等有關數量方面的問題，「籃飯姑」則用點頭（起撲）的次數作答，據說還相當準確呢！關神結束時還要唱送神謠，否則童身便會迷糊不醒。其詞云：

日落西山是夜昏，
家家處處人關門，
雞鵝鳥鴨上了條，
請阮童身回家門。

關葵笠姑、筲箕姑和關籃飯姑的方法相同，只是所唸咒語不同而已。關葵笠姑時唱：

葵笠姑，葵笠神，
葵笠搖人囉囉眩。

請你上童身，落童藤。

童藤師，三二個，

隨你送，地一個（哪一個）？

阿如共去共返來。

請筲箕姑時唱：

筲箕沙阿婆，

夜昏專請阿姑來踢桃（玩耍）。

阮（我們）有清茶共清蔞（蔞葉，常與檳榔合食）。

清茶清蔞清檳榔，

檳榔檳榔檳，檳榔開花會它榜（蔓延而生藤）。

阮個（我們的）唔分佇（不分給你們），

分阮三姑正是親。

關桌神

參加關桌神的人，多數為男子，老幼均可。方法是放一裝滿水的碗（或口盅）在平坦地上，用一張正方形桌子倒置於碗上，使碗口對準桌面中心。桌子四角各站一人，各以左手的一指，輕按桌腳，右手持香，齊唸：「天清清，地靈靈，信士弟子關桌神……」。久之，桌子便會徐徐轉動，四個人也不約而同地跟着轉起來，而且越轉越快，以至有人弄得氣喘呼呼跟不上，甚至要換人。也可以四人約好，齊叫：「一、二、三，換！」大家同時把左手換成右手，桌子便會跟着向相反方向轉動。

關箸神

關箸神的人多數是兒重。方法是用兩枝箸，一枝豎插於裝滿白米（或細沙）的筒內，另一枝則横架在豎插箸的頂端，使成「T」字形。參加的人手持香枝或磚塊瓦片，邊敲磚瓦邊唱道：

箸頭蹺，箸尾搖，
箸頭蹺蹺夾針菜，
箸尾搖搖夾粿條。
……

唱上十遍百遍，那支架在上面的箸便會慢慢轉動，沒有意外，一般都不會掉下來。據說也有唱得舌乾口枯，而箸依然紋絲不動的，大人為了哄孩子回家休息，便偷偷地用氣吹動筷子。小孩看見筷子轉動了，以為箸神已被他們請來了，於是便高高興興、樂不可支地回家睡覺。

關掃帚神

關掃帚神，在揭西、陸河一帶客區叫「落稈掃神」。方法是在大廳裏放桌子一張，掃把若干。將香點燃後插在摺成三角形的草紙上，分發給參加者，參加的人坐在凳子上，雙手拿着點燃着的香紙，緊貼前額。旁邊由一大姑請神，反覆頌唸：

稈掃神，轉靈靈，
過山過坳去請神。
請了神來縛稈掃，
稈掃邊，排兩邊。
……

反覆唸誦多遍以後，便見香枝微微抖動，後來越抖動越快，最後便丟掉香枝，離座起舞，表演節目，奇怪的是平日不唱不跳的人，也會手舞足蹈起來，但亦有人始終端坐不動，故有「心誠則靈」，「心事大的人不能關神」之說。

關戲童

童男童女圍成一圈，先由一個有經驗的兒童點燃一把香，然後對着某一同伴的臉劃圈圈，同時齊唱：

關戲童，打銅鑼。

銅鑼師三四個，由你挑選哪一個。

反覆朗唱多次以後，被劃圈的兒童就會跑出圈外，拉住另一個同伴的手，被拉的人又會抓住第三個人的手，拉上三五個後就會狂奔狂舞。並且還會莫名其妙地演起潮劇來，如再配上樂隊伴奏，還可說是惟妙惟肖，聲情並茂哩！

關亡魂

關亡魂是死者親屬，為了探問死去親人在陰間的生活狀況而進行的一種迷信活動，潮州有人稱為「落神」，客區一般稱為「問仙」。進行的時間不論，一般也以八月為宜。民間常有一些專門為人落神問仙的「仙公」（男的）、「仙婆」（女的）。進行的時候，或請仙婆（仙公）到家裏，或幾個人相約同到仙婆（仙公）家中進行。仙婆坐下，家中的人圍坐其旁，仙婆唸咒，家人焚香靜候，咒語云：

觀音渺渺在海中，
佛身住在普陀山。
腳踏紅蓮千百瓣，
手挈楊柳顯起身。
大慈悲，救苦難；
佛未偕，佛來共。
共到門腳埔，
門腳闊闊雙條路：
大路大坡坡（寬闊），
小路通奈河。
行到奈河中，
腳鬆手也鬆；
行到奈河橋，
腳搖手也搖。
橋頂人拔劍，
橋下人喊娘。
前人喊娘娘勿聽，
後人喊娘輕輕行。
借向童身去地塊（哪裏）？

吾欲花園探親情（親戚、親人）。

踏入花園花園香，

踏入魂宮看魂人；

踏入書房掀書冊，

書冊看了面帶紅。

不久，神到了，家人便頂禮膜拜，請求神明代找死者的靈魂相見。死者靈魂來時便附於仙婆（或仙公）身上。這時的仙婆，舉止言談恍如死者生前一般，往往惹得死者親屬涕淚交流，泣不成聲。他們向死者靈魂噓寒問暖，提出各種問題，有的還責備死者不顧家人，狠心離去。

所有問題都「借」仙婆之口一一作答，說到傷心處，常常哄堂慟哭，悲痛欲絕。落神完畢時，須唸退神咒，以便讓仙婆從迷糊中清醒過來。咒語與「關籃飯神」的送神咒基本相同：

日落西山是夜昏，

家家處處人關門。

雞鵝鳥鴨上了條，

放阮（我們的）童身回家門。

此外，據說「關蛤蟆神」能使關神的人像蛤蟆一樣鑽涵洞、跳溝渠；「關猴神」的人能攀竹爬樹，像猴子一樣敏捷；「關牛牯神」的人，能像牛牯一樣勇於角鬥，力大如牛。關神的人還往往因此而弄得臉青鼻腫，皮破骨折。

「關神」是一種迷信活動，潮州民間也曾流傳過一些諷刺性故事，如《關公顯聖》便是其中的一種——

明末名臣郭之奇，字仲常，廣東揭陽人。一向讀書做官，不信鬼神。據說有一回，他在家閒住，忽遇「乩童」出乩，口稱「關帝」下降。郭之奇不信，對着乩童怒喝一聲，把「關爺」也喝退了，乩童嚇得渾身發抖，汗流浹背；過了一會，乩童定一定神，又稱「關爺」降乩，郭之奇再次發火，又把他嚇退；再過一會，乩童第三次降乩，郭之奇怒甚，連場呵斥，可是

郭之奇像

這一回「關爺」膽子大了，怎麼喝也喝不退。

郭之奇有些露怯，圍觀的人也感到驚奇，膽小的已開始對「關爺」跪拜了。郭之奇無奈，只好硬着頭皮發問道：既是關聖駕臨，關聖熟讀《春秋》，就請關爺談談《春秋》如何?「關聖」點頭同意，於是兩人便談起《春秋》來了。圍觀羣眾見「關聖」對答如流，果真熟悉《春秋》，於是深信不疑，紛紛跪拜，郭之奇也只好屈膝下跪了。

談了一陣，「關聖」要回去了，只見乩童學着戲台武生的姿式，揚鞭跨步，上馬而去。郭之奇見他用右腳踏蹬，知道自己上當了，於是便大聲喝問：「關聖用左足，你用右足，你到底是誰？快快從實招來！」乩童見已露了馬腳，便隨口答道：「實不相瞞，我是陸秀夫！」這位乩童也可說是詭辯多端了。

九　地方瑣談

1 桑浦山的傳說

桑浦山距潮州城西南四十里，橫跨潮州、揭陽、汕頭三市，綿亙五十多里。因北麓多桑，故名桑浦山。山上重巒迭嶂，怪石嶙峋，巖谷深邃，清泉誘人，是文人墨客薈萃之地，留下不少美妙的傳說。

林大欽娶妻

蟹目山下有座聞名遐邇的「三女貴」墓，墓主人是桑浦山區西林村孫員外，因其墓地坐落的山勢像一條醉臥的長龍，所以又稱眠龍。墓碑上寫着「明考將士郎默齋孫公，妣耋壽孺人慈烈林氏墓」，載明它是九品官孫默齋夫婦的合葬墓。孫默齋夫婦雖屬平平之輩，但他們的三個女兒卻嫁給了當時潮州的三位顯赫人物：狀元、翰林院修撰林大欽，進士、兵部尚書翁萬達，進士、工部左侍郎陳一松，因而孫默夫婦便得到了「三女貴」的美稱，他們的陵墓也被人們稱為「三女貴」墓了。

林大欽是潮州唯一的狀元公，生於桑浦山下的金石鎮，死後亦葬於附近的楊厝屏，人稱狀元埔。他是孫員外的三女婿，關於其婚事也有一段有趣的傳說。

相傳林大欽十五六歲時，曾在孫員外家教書。一天，孫員外壽辰，賓客盈門，大女婿陳一松，二女婿翁萬達，都是有功名、有地位的人，自然受到人們的敬重，而林大欽當時還是個童生，沒有收到東家的請帖。他獨坐書齋，自覺沒趣，恰好有一乞丐前來要飯，林大欽眉頭一皺，計上心頭，便對乞丐說：「我寫一副對聯，你拿去貼在廚房門口，便可得到可觀的賞錢。」乞丐聽後，半信半疑，拿着林大欽寫的對聯，到廚房門口張貼。孫員外聞訊，親自出來觀看，只見對聯寫的是：

天增歲月人增壽
春滿乾坤福滿堂

孫員外喜不自勝，問明來由後，便一面重賞乞丐，一面派人去請林大欽赴宴，翁萬達說：「林大欽已回家去了，這樣請他，是請他不來的。」說罷，寫了一句謎語，叫家丁送去。林大欽打開一看，喜上眉梢，馬上便要整裝赴宴。

他父親見狀迷惑不解，問道：「你剛才還一肚子怨氣，為什麼現在卻要去赴宴了？」

林大欽邊把翁萬達寫的謎語遞給父親，邊解釋說：「您看，上面寫着『食盡牛頭肉，借刀殺豬烹，傳書人未到，一言寄丹青。』第一句謎底是『午』字；第二句因豬屬畜，借力烹豬便是『刻』字；第三句『傳』字去掉『人』便是『專』字；第四句明顯是『請』字。合起來便是『午刻專請』了。人家給我這麼大面子，我怎能不去？再說，我如不去，人家會說我猜不出他的謎底，反會被人恥笑。」說罷便赴宴去了。

席間，因林大欽是孫家請來的塾師，座次排在陳、萬二婿之前，翁萬達不服，特作一上聯以戲林大欽，聯云「鼻孔子，眼珠子（一說『目曾子』），朱子何居孔子上？」

林大欽不假思索，立即對道：「眉先生，鬚後生，先生不及後生長。」

答罷四座皆驚，翁萬達也心悅誠服，並勸岳父把小女兒許配給他。這樣，他們三人便成了連襟兄弟。

甘露寺故事

桑浦山東南麓有一座玉簡峰，玉簡峰上有一座甘露寺，它是潮汕地區最大的一座石窟寺。因為石峰狀似獅頭，所以又稱獅子巖。甘露寺在石巖之下，宛如獅子的巨口，其寬 20 多米，深約 16 米。寺後清泉，冽如甘露，沁人心脾，故以名寺。全寺分為三層，中間一層依巖雕鑿了一尊高約 2.5 米，寬約 4 米多的彌勒佛像，石佛袒胸凸腹，滿面笑容，栩栩如生，真像是「大腹能容，容天下難容之事；張口常笑，笑天下可笑之人。」潮州有一句俗語：「棉林湖沉船，甘露寺出米」，講的

潮州甘露寺

就是與這尊石佛有關的故事。

棉林湖在桑浦山東麓，傳說凡是為富不仁的財主，載米之船過此必沉，而沉沒之米則可在這尊石佛的臍眼中扒出來，客來多少，出米多少，剛好夠吃。不料有個貪心的和尚，嫌出米太少便把石佛的肚臍眼鑿寬，誰知這一鑿卻惹得終日笑呵呵的石佛也發了火，把臍眼一縮，從此再也不出米了。

還有一則傳說，說桑浦山下藏有「八烏缸二十四甕」金銀財寶，等着有緣分的貴人去挖取。悠悠千百載，曾有多少人日夜憧憬這一美夢的實現？但誰也沒有料到，這漠漠荒山下的財寶，竟是甘露一般的地下泉水！如今甘露寺旁已建起了規模宏大的礦泉水工廠，優質礦泉水，從二百米的深處，源源不斷地從井口湧出，日產二百噸！沉睡千載的地下財寶，果然造福世人了。

2 海濱鄒魯是潮陽

休嗟城邑住天荒，已得仙枝耀故鄉。

從此方輿載人物，海濱鄒魯是潮陽。

這是宋代陳堯佐對潮州的讚美詩。唐代天寶元年曾把潮州改為潮陽郡，這裏說的潮陽實指潮州。為什麼把潮州喻為鄒魯？因為孟子生於鄒，孔子生於魯，鄒魯是聖人誕生之地，所以人們把它作為「文教興盛」的代稱。陳堯佐曾於北宋咸平二年（999）被貶來潮做通判，在潮期間，他曾修孔廟，勤勸學，作韓祠，戮鱷魚，對潮州人民做過不少有益的事情。回京累遷至宰相後，仍念念不忘潮州，當潮州舉子上京考取士回家時，他親自歡送，並書贈了上面那首詩。從此以後，「海濱鄒魯」便成了潮州的譽稱。

唐以前的潮州，仍被目為「蠻荒之地」，常常作為「犯罪」官員的流放之所。大名鼎鼎的韓愈便是其中之一。此外，唐宋兩朝被貶來潮的宰相便有常袞、李宗閔、楊嗣復、李德裕、陳堯佐、趙鼎、吳潛等七位（有的是離潮後才升任宰相），加上宋末抗元的文天祥、陸秀夫和張世傑，共有十位宰相來過潮州，所以潮州城裏曾設有「十相留聲」的石碑坊，鳳凰洲上也曾建有「十相祠」。這些人都有很高的文化素養，他們來潮，對傳播中原文化，促進潮州文教事業的發展，起過很大的作用。

常袞刺潮，建學校，勸農桑，人蒙其教，已開潮州文教之先。被譽為「百世師」的韓愈，建樹尤多，影響尤大。韓愈既是政治家、文學家，又是教育家，非常重視教育。他到潮州後，親聘趙德為師，捐薪俸為基金，興州學，育人才，振興潮州文教事業。雖然刺官潮州時間只有短短的八個月，但對潮州文教事業的發展，卻有巨大的影響。

後來的守潮良吏，多以韓愈為師，模仿他的做法，使潮州文化繼續得到發展。人們為了紀念韓愈的功績，

「十相留聲」坊

不僅設祠祭祀，而且把惡溪改稱韓江，把筆架山改稱韓山，還把他手植的橡木改稱韓木。

先生教澤至今聞，濟濟英才盡為羣。
官吏尚鐫鸚鵡字，兒童能誦鱷魚文。
—— 李調元《題韓祠詩》

闢佛累千言，雪冷藍關，從此儒風開海嶠，
到官才八月，潮平鱷渚，於今香火遍瀛州。
—— 潮州知府　覺羅祿昌　題

這些都是前人留下來的，對韓愈的讚美之詞。歷來有「潮州文物之富，始於唐，盛於宋」之說。經過唐宋兩代人的努力，潮州的文化教育事業已經有了很大的發展，科名鼎盛，鹿宴常設，出了不少人才。

據阮元《廣東通志》記載，宋代廣東參加科舉考試而中進士者共有 567 人，其中潮籍的有 108 人，成為廣東以至全國進士及第人數較多的州府之一。宣和六年（1124）甲辰科廣東中進士者五人，潮州佔三人；建炎二年（1128）戊申科，廣東中進士者 15 人，潮州佔九人；紹興十八年（1148）戊辰科，廣東中進士者六人，潮州佔四人；紹興三十年（1160）庚辰科和乾道五年（1169）己丑科，廣東均考中三人，潮籍均佔二人。元代姚達泉稱讚宋代「潮州為廣左甲郡，文物亦為諸郡甲」(《重建元公書院記》)，實非誇大之詞。

據說宋孝宗曾向「潮州八賢」之一的王大寶詢問潮州的風俗，大寶答道:「地瘦栽松柏，家貧子讀書，習尚至今。」「家貧子讀書」已經成了潮州人的風尚。所以宋代的潮州，人才輩出，「唐宋八賢」中，除趙德是唐代人外，其餘七人都是趙宋時人。不少當時的名人學者也紛紛來到潮州。如理學家周敦頤任廣東轉運判官時到達潮陽，並在靈山寺大顛堂上題詩。

另一位理學大師朱熹曾到過揭陽，在藍田書院題過「落漢鳴泉」四字；著名文學家蘇軾到過潮州，寫了《潮州韓文公廟碑》；詩人楊萬里，曾任廣東提舉，也曾登韓山題詩；王十朋亦曾到過饒平。這些人大都是慕名而來，留文而去，在潮州文化的發展史上留下了自己的足跡。

與宋代潮州人才輩出的情況相適應，宋代潮州的刻書業也相當發達，據《三陽志》記載，當時刻印的書籍，計有經書十種，史書四種，子書六種，集書十四種，總計三十四種，一萬零八百九十板。林林總總，相當豐富。

宋代潮州的其他文教和建設事業也蓬勃發展，諸如王漢闢金山，鄭伸築城垣，林幖重浚西湖，陳堯佐、王滌、丁允元三建韓祠。潮州、海陽兩學宮同興，韓山、得全、元公三書院鼎立。筆架山麓的陶瓷窯規模巨大，窯牀連亙四華里，號梅「百窯村」，精緻的陶瓷工藝品遠銷海外。結構奇特，工程浩大的湘子橋，顯示了潮州人民的智慧和力量。據順治《潮州府志》記載，唐代潮籍進士只有三人，宋代卻激增至 151 人（與《廣東通志》的記載有出入）。「海濱鄒魯是潮陽」確是名不虛傳。

3 鳳凰山區的畲民

畲族是中國民族大家庭中的一員，古稱「輋人」或「畲民」（「畲民」一詞，首見於南宋劉克莊《後村先生大全集·漳州諭畲》），自號「木客」或「白衣山子」，人口約 74.6 萬（2021 年統計數字），主要分佈於福建、浙江、江西、廣東、安徽等五省七十多個縣的部分山區。

關於畲族的始祖，各地畲民中都流傳着有趣的傳說，潮州畲民更用《祖圖》的方式記敍他們祖先的來歷：

他們的始祖，原是東海一蒼龍，高辛帝時降生於京城大耳婆的左耳。大耳婆耳痛難忍，延醫取出耳卵，放於殿閣，即有百鳥來朝。剖開耳卵，得一犬子。八個月後，便身長八尺，高四尺，身有五色斑紋，狀似麒麟，出類拔萃，號稱盤瓠。

當時有夷濱國房突王作亂，高辛帝的官兵無力討伐，只好出榜招賢，言明凡能收服房突王之人，願將三公主許配其為妻。榜掛三天，無人問津。龍犬見狀，便揭榜見帝，帝大喜。龍犬即渡海至夷濱之國，房突王與他一起飲宴，大醉臥牀。至三更時分，龍犬咬斷番王之頭出營逃回，高辛帝見了大喜，妻之以女。盤瓠婚後二十年，生下三男一女，高辛帝分別賜姓盤、藍、雷、鍾。

這一傳說與苗族、瑶族的傳說相似，實源於應劭《風俗通義》所載：「高辛氏之犬盤瓠，討滅犬戎，高辛氏以小女妻之，封盤瓠氏。」（干寶《搜神記》、郭璞《玄中記》以及《山海經注》《後漢書・南蠻傳》所記略同）。魚豢《魏略》所載，增加了一些情節：「高辛氏有老婦，居王室。得耳疾，挑之，乃得物，大如繭。婦人盛瓠中，覆之以盤，俄化為犬，其文五色，因名盤瓠。」這種傳說，是古代山居狩獵民族以犬為圖騰的反映。

廣東畲族，約有2.8萬人（2021年普查公佈數字），其中三分之二以上居住在潮州、豐順的鳳凰山區，其餘則分佈於海豐、惠東的蓮花山區和博羅、增城的羅浮山區。

潮州畲族，主要分佈於鳳凰鎮石古坪村、歸湖鎮碗窯村、山梨村、嶺腳村，文祠鎮李工坑村，意溪鎮雷厝山村。

關於鳳凰山畲族的來歷，至今仍不十分清楚，一般認為他們是潮州的土著，是古代越族的後裔。他們自己的《族譜》載有「我祖世居潮州，閱年六百餘歲，歷傳數十世」的說法，文獻上也有「澄海有畲戶，揭陽有山畲」的記載。

相傳潮州鳳凰山是畲族的發祥地，浙江、江西、安徽和福建等地的畲民都承認這一點，他們的族譜和某些有關的地方志中也有這方面的反映。特別是畲族史詩——《高皇歌》中，明確指出「藍、雷、鍾姓出廣東，廣東原來住祖宗」，「廣東路上是祖墳，世出藍盤雷祖宗。」閩浙一帶的畲語，與鳳凰山畲語非常接近，

畲族男女

說明這種傳說並非沒有根據。但也有人認為畲族是「武陵蠻」的後裔，潮州畲族是從福建龍巖或江蘇南京遷來的。

畲（輋），本義為燒荒種地，畲民則為用刀耕火種方式耕種土地的人民。鳳凰山畲民除進行農業耕作外，還從事林木、藥材、茶葉、養蜂和燒炭等行業，名聞遐邇的「鳳凰單叢」即為鳳凰山區生產的名茶。

畲族人民在歷史上曾有許多可歌可泣的英雄事跡。如宋末元初，各地畲民在本族首領陳吊眼（名陳遂，福建漳州人）、許夫人（潮州鳳凰山人）率領下，組成畲軍，配合文天祥、張世傑等抗元，堅持了十年之久。許夫人在百丈埔與元兵激戰中壯烈犧牲，據說宋帝昺為了表彰她的功績，還特封潮州婦女世代為孺人。

潮州歸湖鎮硯田村對面的山上，至今仍有「陳吊王寨遺址」，這是陳吊王當年從漳州率部到鳳凰山，與許夫人的畲軍聯合抗元，曾在這裏安營紮寨的歷史見證。

4 潮汕鐵路和後溪鐵路

潮汕地區，曾經有過兩條鐵路，即潮汕鐵路和後溪鐵路。

潮汕鐵路於光緒三十年（1904）九月二十八日動工興建。從汕頭至潮州，全長 39 公里，中間經過庵埠、華美、彩壙、鸛巢、浮洋、烏洋、楓溪。1906 年 11 月 15 日正式通車。1908 年又從潮州延伸至意溪，全長增至 42 公里，共投資三百零二萬五千餘元。

營建潮汕鐵路，對於列強貨品的輸出和掌握潮汕地區的經濟命脈十分重要。因此，英國和日本都曾向清政府申請營建權，由於國內輿論極力反對，清政府不敢答應，最終由歸國華僑張弼士聯合華僑張煜南、張鴻南兄弟集資承建。

張弼士和張煜南兄弟均為印尼華僑，因當時國內籌辦「華僑同俗銀行」，由李鴻章出面電請張弼士歸國，初任佛山鐵路總辦，1899 年調任閩廣農工路礦大臣，招請張煜南兄弟回國協力興辦鐵路。經清廷批准，委任張煜南為籌建潮汕鐵路的總經理，並規定 50 年後，鐵

潮汕鐵路股份有限公司兑換券上的張煜南、張鴻南頭像

路收歸國有。初由中國傑出鐵路工程師詹天佑負責勘測設計，預計工程費用為二百萬元。張煜南兄弟恐資金不足，遂向海外華僑和港澳人士募集。日本人士見有機可乘，便指使在台灣經商的福建人林麗生投資一百萬元，企圖藉此控制潮汕鐵路的股份。國內愛國人士和留日學生獲此消息後，極力反對，並向清廷提出控告。為此，清廷還指派梁用弧、錢家澄到潮汕調查，並與張煜南密商，要求林麗生退股。林麗生見勢不妙，只好答應退股，但卻乘機敲詐勒索，要求賠償利息三十萬元。張煜南無奈，只好忍痛答應。

日本為了控制這條鐵路，一計不成又生一計，派遣助滕謙之輔工程師到潮汕勘測，擬出了第二個方案，預計總投資為一百八十萬元。鐵路公司把兩個方案交給英國太古洋行審議，結果以日本方案可節省開支為由，否決了詹天佑的方案。張煜南受騙，接納了日本方案，並由日本三五公司承辦。中間經過許多波折，終於 1906 年 11 月 15 日正式通車，但是總共耗費三百零二萬五千餘元，比起詹天佑方案不僅沒有節省，反而多出一百多萬元！

潮汕鐵路建成後，成為福建西南和粵東各地出入口貨物的必經之路，營業相當興旺。初時有三個火車頭，40 節貨運車廂和 19 節客運車廂，每日貨運量為 70 至 100 噸。後來火車頭增至五個，客運車廂增至 30 節，每日客運量可達四五千人。大大提高了汕頭港的吞吐量，增加了地方的財政收入，促進了對外貿易，同時也為沿線的一部分剩餘勞動力提供了出路。

1937 年 7 月，抗日戰爭爆發，從 9 月 3 日起，日本飛機經常轟炸潮汕鐵路，騷擾火車運行，客運、貨運都大大減少。1939 年 5 月，日機狂轟濫炸，車房、倉庫、路軌均遭嚴重破壞。6 月 16 日，保安司令鄒洪及駐軍警備司令華振中，為阻止日軍前進，下令拆除路軌、破壞橋樑。1939 年 6 月 21 日，敵軍攻佔汕頭市，28 日進佔潮州城，控制了潮汕鐵路全線，大部分鐵路器材被拆卸運往日本，潮汕鐵路全部被毀。

潮汕鐵路是中國第一條由海外華僑投資興建的鐵路，前後運行了 33 年，為潮汕地區的經濟發展作出了應有的貢獻。

潮陽「後溪鐵路」是 1922 年由潮陽縣縣長陳健夫及其弟弟陳毅夫籌資興建的潮汕地區第二條鐵路。由於當時陸上交通不便，從潮陽的沙隴、貴嶼、陳店等地往汕頭市區，大都要乘船沿練江到龍井渡，然後步行到後溪，轉乘火車到達市區。從龍井渡到後溪約有十里之遙，行人肩挑背負，不堪其苦。陳健夫兄弟為了解決這一交通問題，同時也為了給他們的「潮汕電船公司」招攬旅客，便於 1922 年底籌建後溪鐵路，成立「潮陽火車公司」，由陳毅夫擔任經理，還聘請了一位法國工程師負責設計，經過一年時間的努力，終於 1923 年建成通車，使用的是三號小鐵軌。

後溪鐵路全長 12 華里，火車頭是德國西門子公司製造的，火車司機姓駱，原籍福建。沿途設有五個站，即後溪、上地、東山、後埔巷和龍井。來回一次約需一小時，大大方便了來往於汕頭市區和潮陽兩地之間的旅客。

後溪鐵路開始營運的頭兩年，由於「潮陽火車公司」和「潮汕電船公司」是同家經營，實際上起到水、陸聯運的作用，所以生意興隆，蒸蒸日上。但是好景不長，後因其他電船公司的激烈競爭，乘客銳減，連年虧本，甚至連工資也發不出去。在行駛了五年以後，只好被迫停業。

1940 年，為防日軍進攻，當局命令將鐵軌拆除。這條短命的小鐵路便退出歷史舞台了。

5 從草坦到圍田

全國著名的水稻高產地區 —— 韓江三角洲，是日夜奔騰的韓江沖積而成的平原。據史書記載，潮汕近海和沿江的圍田區，都經歷過草坦 —— 潮田 —— 圍田三個階段。

潮退時稍露沙灘的地方稱為「水坦」，僅可供捕魚蝦和放鵝鴨之用。年長月久，水草叢生，沖積漸高漸固，潮水雖漲也不致被淹沒，則名為「草坦」，可用以種植半水生植物，如蘆葦、蓆草之類；種草以後淤積更快，沖積土愈積愈多，形成可耕之地，惟因地勢低窪，難免積水內澇之患，所以只能種植紅種稻等耐澇品種。紅種稻莖硬、殼厚、有芒、耐浸，潮水不傷。因為種於五月份，所以又稱「五月禾」。

栽培紅種稻的土地，每年只收一次，可隨潮水漲落，所以又稱「潮田」；在潮田四周築上基圍，可以抵禦潮水，可以進行人工蓄泄，則稱為「圍田」。圍田已是旱澇保收的高產田了。

6 三利溪和王公溪

「三利溪」是宋代潮州知事王滌發起開鑿的一條人工運河，引韓江通南溝之水，流經北濠、城西，經揭陽、潮陽流入南海，全長約有一百一十五里。由於韓江之水含沙量大，加上海潮頂托，河道容易堵塞，到明代正統年間便名存實亡了。

成化年間（1465—1487），太守周鵬率眾疏浚，並在城南鑿引韓江之水注入，使三利溪獲得新生，重新發揮作用。新會陳獻章曾為之作記，表彰他的功績。但後來陳獻章又感到後悔，說是因為潮人多言三利溪之利有名無實。大概周鵬疏浚後不久，三利溪的涵洞便被洪水沖塌，以致不能發揮應有的作用。但也有人認為是因為後來周鵬犯罪丟官，陳獻章覺得自己看錯了人，所以才感到後悔。果如此，則白沙先生也難免有「因人廢事」之嫌了。

乾隆二十五年（1760）潮州大旱，知府周碩勛率眾治理三利溪抗旱，治理過程中因拆房、佔地、動用民伕

潮州舊府衙

而引起民怨，但周碩勛並不動搖，為了表明自己心意，還特地寫了一首打油詩：

奉旨控溪河，人民積怨多。

候待十年後，恩在怨也無。

據《潮州志》記載，民國年間曾經開鑿龍空涵，導引韓江之水，循三利溪而入榕江，以禦鹹潮，收到較好的效益。說是「鹹潮數至，得此溪水解之，實三邑田疇之利也。」

如今三利溪已為寬闊的馬路和拔地而起的高樓大廈所取代。但歷史上的三利溪，確曾對潮安、揭陽、潮陽三縣的排洪、灌溉、航運都有利，故有人稱之為雙重「三利」，其歷史功績應予充分肯定。

「王公溝」是明代潮陽知縣王鑾領導開鑿的一條灌溉溝渠。潮陽縣門辟司的村莊和稻田大都面向大海，常受鹹潮威脅，收成沒有保障。同時又缺乏淡水灌溉，碰上乾旱季節，人們要走十餘里路才有泉水可挑，農民不堪其苦。

弘治二年（1489），知縣王鑾看到這一情況，便率眾修築一條長約三十餘里的捍海堤圍，以禦海潮。同時又鑿一條溝渠，導引泉水灌田洗鹹，使三千多畝荒瘠鹹田變成旱澇保收的沃壤。人們為了感激王鑾的功績，便把這條引水溝渠稱為「王公溝」。後來，潮州有位知府名叫黃安濤，到潮陽門辟司視察時，見到這裏山青水碧，綠樹成陰，田裏金黃一片，農民豐收在望，高興之餘便吟詩一首云：

長堤一道枕流斜，密密疏疏雜樹遮。
仿佛錢塘江上路，羣山隔岸浪淘沙。

充分表達了詩人的讚美之情。

附錄

《潮汕地方史論集》兩篇

饒宗頤

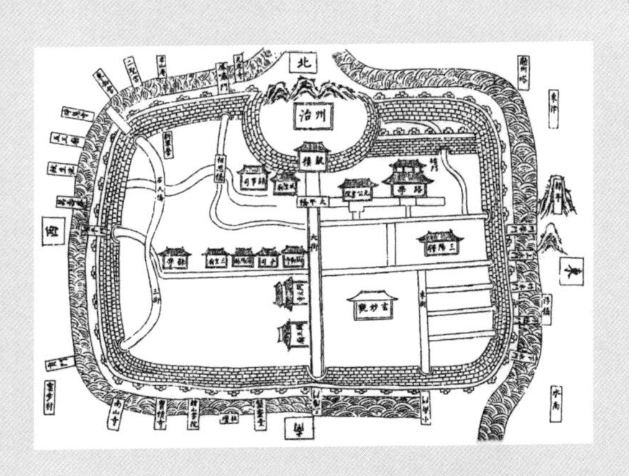

1 潮州歷代移民史

中原人民之南移，或以屯戍，或以避亂，或則遷謫而留住，或因勤王而播遷，要不出此數因。潮州古屬荒陬，瘴海連天，鱷魚野象，所在為害。意其地一如今之南洋羣島，人稀地曠，宜於殖民。自宋迄明，南來者多，日臻繁盛。洎清初嚴禁通海，築界遷斥，沿海各地，悉為廢墟，民始有內徙者。歷史上大量移民，自中原南來可考者，有如下數：

一、**秦**　《史記·南越王尉佗傳》，秦時已略定楊越，置桂林、南海、象郡，以讁徙民與越雜處。《漢書·高紀》，秦徙中縣之民，南方三郡，使與百粵雜處。考《史記》徐廣五十萬人守五嶺，揭陽嶺為當日戍處。據《方輿紀要》載，揭陽山在縣西北百五十里，南北三支，直抵興寧海豐二縣界，亦曰揭陽嶺。始皇伐百越，命史祿轉餉，留家揭嶺，或以為即此山。又有謂揭陽令史定即其後，顧無確證，然此即中原人士最早留居潮州者也。

按：秦之開發嶺南，三十三年發逋亡贅婿賈人，略取陸梁地，以為南海郡，以遣適戍。其先越叛，使尉屠睢南來，以監祿鑿渠通道，時發卒五十萬，分五路。一軍據鐔城（湖南黔陽），一軍守九疑（湖南寧遠），一軍處番禺（廣州），一軍守南野（江西南康），一軍守餘干（江西餘干）。而越人皆入叢薄中，秦師大敗，屠睢被殺。後始皇遣趙佗為龍川令，擊越，謫徙民五十萬戍五嶺，三郡遂獲控制。至三十四年築南越地。考南康有揭陽，即五路軍所屯南野之塞，史祿所家，是否為南康之揭陽，抑曾至今潮州境，年遠代湮，莫由詳悉矣。

二、漢　武帝元鼎五年，餘善請以卒八千從樓船擊呂嘉，兵至揭陽，以海風波為解，可見其時中原戍卒八千人來揭陽，蓋由閩遵海來潮者。（東漢移民人數無可稽考，然以永和與元始人口比較，南海郡增十五萬人左右，平均每縣可增二萬人，揭陽處荒陬，疑無此數也。）

三、吳　揭陽曾夏率眾拒吳，所部數千人。

按：漢末安成長揭陽吳碭，拒吳不敵，突走。大埔溫《志》謂曾夏即碭還揭陽所號召以抗吳者。考碭據攸縣，在湖南中部，去潮之揭陽尚遠。吳時贛有揭陽，夏所籍之揭陽，是否南海之揭陽，尚難遽斷，然其部曲數千人，分佈區域，疑當遠及贛邊。查《宋書·州郡》義安户一一一九，口五五二二，使此數為實，宋時潮地僅千户，則夏所領人數，非限於潮之揭陽明矣。

四、晉　義熙九年以東官五營立義招縣。《南越志》:義招縣，昔流人營，此五營之兵，皆當時流人也。

五、唐　總章二年，陳政統嶺南行軍總管事，率府兵五千六百名，將士自副將許天正以下一百二十三員，此為福佬之祖。開元二十一年，唐循忠於潮虔福間檢避役百姓三千餘户，因奏置汀州。此三千餘户，為中原人民徙入較遲者，當為客家之祖。

唐末隨王潮自中州來者亦夥。中和元年八月，壽州屠者王緒聚眾五百，陷光州，固始縣佐王潮及弟審邽審知應之。光啟元年，緒悉舉光壽二州兵五千人渡江，轉掠江洪虔州，遂入閩，陷臨汀漳浦，有眾數萬。緒前鋒將擒緒，奉潮為將軍。景福二年五月，陷福州；拾月，為福建觀察使。是時光黃壽州之民，多充潮將，隨之入閩。[1] 其時因避亂而南徙者尤眾，大率扶老携少以行。

六、宋 《宋史・文天祥傳》，景炎元年，天祥出江西，收兵入汀州，十月，取寧都于都。劉洙、蕭明哲、陳子敬皆自江西起兵來會，此贛人之入閩也。二年，天祥自興國兵敗，元年破汀關。閩贛義兵，相率隨帝室播遷，輾轉入粵。當日巨姓南遷者，有吉水徐氏[2]、寧都謝氏[3]，穎川陳氏[4]。

中原人民之南徙，約如上述。清初，鄭氏稱雄海上，清廷於濱海各縣，遷界徙民，如澄海全縣畢裁。於是民多內遷。抗戰時間，潮汕陷落，有資產者多遷入

1 《崇正同人系譜》云，沈氏五代時，其族有從王潮入居福建汀州。又吳氏云，散處中州，其後有隨王潮入閩，皆其例。

2 《和平徐氏譜》，載元年南下豫章，道隆起兵勤王死之，德隆隨宋帝度嶺南下，卜居龍川烏龍頭。

3 《崇正同人系譜》云，宋景炎間，江西寧都謝新隨文信國勤王，收復梅州，長子天祐家於梅之洪福鄉。

4 《崇正同人系譜》云，陳氏郡望穎川，宋末中原士族紛紛南隨帝室播遷，有陳魁者，率其族九十三人，移居福建汀州府之寧化上杭，其曾孫孟郎、二郎、三郎，由閩遷粵之程鄉，散佈於大埔、興寧、長樂、龍川等處。

自由區，或北徙興梅，遠則至貴陽重慶昆明，然為數甚少。窮困者流轉道路，或盡鬻田產，徒步入閩贛，或至桂林。此近歲移民之大概也。（據三十三年七月調查，潮民入閩，遷徙平和、詔安、雲霄、南靖、永安、上杭，難民達數十萬人，以潮安、澄海、榕城為多。其入贛者，據三十二年五月九日，粵贛當局合組贛省救濟粵東移民委員會登記，總數七萬餘人，其中以榕城、普寧、豐順、潮陽為多，大埔、海豐次之。其中分配，為自動集資墾殖者僅萬餘人，自動謀工商業者二萬餘人。難民散佈於泰和北門華僑墾殖場，永昌南僑公司，沙村，白沙，冠朝，河東郭家祠。其挈家入桂林者，有結茅住於穿山，為人傭作，僅三數家耳。）

本州境內移民，則以南山移墾一事最為足述。當民國十七年，共黨盤據南山，二十一年獨立第二師大舉圍剿，暫着其地人民離境。至共黨敉平，為善後計，成立南山移墾委員會，將昔舊離境之人民移回，舉行登記，並發給移墾證。時分惠來、流沙、雲落、兩英四處登記，自民二十二年七月起，至二十四年四月止，登記人數共四四七二八人。於是南山恢復舊日之繁榮，其後因有管理局之設焉。

至於户口增減，與移民關係甚大，茲略論之。劉宋時户一一一九，口五五二二。是時義安郡領縣五：海陽、綏安、海寧、潮陽、義招，包括今閩之漳浦、漳州，粵之大埔、梅縣，及第五區全境，僅有千一百餘户，可見地曠人稀。惟考漢時南海郡，户一九六一三，口九四三五三，而蒼梧户二四三七九，口一四六一六零，交趾户九二四四零，口七四六二三七，九真户三五七四三，口一六六〇一三。交趾比南海多四倍弱，南海户數反在蒼梧、九真之下，知漢時粵西南部，與安南廣西接壤之處，人口最多。證以桂林監居翁諭告甌雒四十餘万口，及東漢蒼梧廣信人物之盛，可譺其故。至粵東南角，即潮州一帶人口，實為最稀少也。平帝元始時，南海户一九六一三，口九四三五三。時南海縣六，平均每縣可一五七二六人。經王莽之亂，至永和五年，南海户七一四七七，口二五零二八二。較元始時户增五一八六四，口增一五六零二九。時南海分七縣（番禺、揭陽、博羅、中宿、龍川、四會、增城），平均每縣可二万二千三百餘人。潮之揭陽，户口決不及廣府之盛，然較《宋志．州郡》所列之口數（僅五五二二），多三倍以上。疑當日多半流民，未經土斷，故户不滿二千也。

隋户二六〇六。此户數不知何時調查，如當大業初，則其時己省綏安入龍溪，海寧不久亦廢併入海陽，州境較劉宋時為縮，而户口增多，將及一倍。唐開元户九三二七，元和户一九五五，《新唐志》載户四四二〇、口二六七四五。開元户口，較隋增逾四倍。時潮境更縮，舊時綏安、海寧均分割，只餘海陽、潮陽、程鄉三縣十六鄉，而户口激增，疑有數因。自隋整理户籍，往時土斷未行之弊始革，強豪浮客，均獲著籍，此其一；唐武德初，潮屬俚帥楊世略來歸後，土著始為編氓，此其二；陳元光所帶府兵來漳潮者，據《陳氏族譜》載，有五千六百名，時分四行台，其一自南詔抵揭陽，則增加之户數，一半為陳氏戍卒，此其三。惟畲蠻負阻山谷，雖以陳元光亦不克平定，則當時必無編户。《長汀志》載唐昭宗乾寧元年，黃連洞蠻二萬圍汀州。此洞蠻即長汀東南與大埔程鄉交界處之畲民。即此一隅之畲民人數，已與《新唐志》全潮人數相埒，誠堪驚人。此可見唐時閩潮間土著為畲民也。元和時，潮州人數，據《元和郡縣志》所載，僅千九百五十五户，較開元時減去百分之七十九。其故安在？考天寶十四年，全國八百九十一萬户，經安史之亂，至乾元三年，僅一百九十三萬户，五年之間，減少百分之七十八。與潮州户開元元和間之比差相似。以全國論，固由於鋒鏑死亡，興離居蕩析。而潮州當日兵事，只有開元二十六年刺史陳思挺之叛，大曆十年哥舒晃與節度使伊慎戰於潮陽。時地方未經重大兵燹，不得為户口銳減原因。竊疑天寶以後，方鎮肆暴，嶺南與中樞脱節尤甚，私設簿籍，隱漏户口，而大姓蔭户，閭吏匿報，大亂之後，圖籍散佚，荒遠之地，鞭長莫及，莫之誰何。元和户數之銳減，其故殆由於此。自宋以降，户口增減，已詳《户口志》中，茲不具論。

台海去潮一衣帶水。清初鄭氏踞台抗清，潮屬濱海各縣，多舉兵勤王。而名公巨卿從渡台者，若辜朝薦随鄭經移台，其子文麟，即生於台，長始還潮。故台中潮人，向來為數不少。至今全台操潮州語者，有一八九九〇〇人，佔全人口百分之三。[1]

至潮人之移殖南洋羣島者，為移民史一大事。據統

1　據民國三十五年八月二十五日《僑聲報》鄭啟中調查。

計，同治八年至十一年，汕頭出口共一〇一二六一人，光緒三十年至民十二年，實際出口共五二〇六九人，就中以民六年七三〇〇〇人為最多。蓋其時南洋橡椰有價，墾殖利多，商場暢旺，故州人咸趨之也。民二十八年，因抗戰時期，人民及僑屬避地南徙故，實際出口又越六二二三三人。三十三年，州境淪陷，交通梗阻，其經揭陽縣出口者僅二十人耳。復員後，出口人數雖略有缺乏，外移之數，亦大不如前矣。詳《户口》《僑況》二志。

2 汕頭釋名

汕頭舊稱沙汕頭，在澄海蓬州都。《澄海李（書吉）志》云：「沙汕頭地臨大海，有淤泥浮出，作沙汕數道。」濱海村落，多以沙汕為名。海豐有汕尾，饒平海山有東汕頭，澄海蘇灣有汕頭仔。汕頭仔又名南砂。據《南砂林氏譜．雜記》云：「父老相傳，其鄉古為海底，平處名汕頭仔（即南砂），高阜處名大汕頭（即江墘、內厝、內蟻、外蟻、弓兜等鄉）。亦猶今之汕腳，高處為汕，深處為海是也。浮聚之後，高處為鄉、為埔、為園，底處為田、為洲，深處為溪。」

據是，俗以海旁之高地為汕也。按汕本義為以簿取魚。《詩》:「南有嘉魚，蒸然汕汕。」《傳》:「汕汕，樔也。」《爾雅．釋器》:「謂之汕。」郭《注》:「今之撩罟。」《說文》:「汕，魚游水貌。」今瀕海猶多設簿柵以捕魚，知汕亦指撈魚之所。

澄海有兩「汕頭」。《順治吳志》但載蘇灣北汕頭，而蓬洲沙汕頭無之。南砂鄉創自宋元符間，其由來已久矣。鮑浦有沙汕之名，始見於明翁萬達《與姚巡按》書云:「濟河跨揭之浦，其地西北距蓬洲所城，為海、揭下流。洲西二溪，夾而入海。岸有沙汕頭，脊出激，巨浪滔湧拍天。」劉子興《海殼蚶蠣場租碑記》云:「豪民某等佔據鮑浦之沙汕坪海殼蛆蠣租。」蓋指溪東港、廈嶺港、牛田洋海面，以沙之積聚而名也。《乾隆周府志》:「康熙五十六年，建沙汕頭炮台。」藍鼎元《澄海縣圖說》云:「在海中則有大萊蕪、放雞山二砲台；在各港則有溪東、沙汕頭、三灣、東湖、平洲、山頭子、東隴、鹽灶諸砲台。」又《潮州海防圖說》云:「澄海出師，不過沙汕頭。」又云:「港澳雖多，沙礁暗阻，風濤不測，商艘往來，不過旗嶺、汕頭、神泉、甲子。」沙汕頭簡稱「汕頭」，始見於此，自清初已為船舶必經港口矣。

沙汕頭古蓋為漁村，澄海未置縣前，為蓬州都，地屬揭陽延德鄉。明初為夏嶺村地，蓬洲守禦所轄之。《方輿紀要》蓬州守禦千户所，舊在揭陽縣東南九十里濱海。洪武二十年置所於下嶺村，以扼商彝出入之衝，二十七年移建於西堤村。」明李齡《贈郡守陳瑄榮擢序》云：「揭邑有沿海而村曰夏嶺者，以漁為業，出入風波島嶼之間，素不受有司約束。」[1]

天順七年，夏嶺賊魏崇輝攻劫沿海。嘉靖四十二年，許朝光剽掠牛田洋大海之濱。沮洳之宅，寇氛既惡，乃於是歲析揭陽之蓬洲、鮑江、鱷浦三都，置澄海縣，自是沙汕頭遂屬澄。康熙三年巡界，三都均遷斥，至七年展復。八年澄海復縣，仍屬澄。康熙時建砲台為海防要隘，而商船多停泊焉。[2]《澄海李志》：「嘉慶十四

1 見《李宮詹遺稿》，下嶺、夏嶺今作廈嶺。

2 按：汕頭始設關在同治三年，而《全國統計提要》謂汕頭於嘉慶間設海關，其説誤。

年六月，海盜朱渥入沙汕頭港，焚劫商船。」又云:「邑自展復以來，海不揚波，商賈鉅富，卒操奇贏，興販他省，千艘萬舶,東西兩港以及溪東、南隴、沙汕頭、東隴港之間，揚航捆載而來者，不下千萬計。」可見未闢埠前汕頭地位之重要，蓋自復界後，與暹羅帆檣絡繹，遂日趨繁榮也。咸豐八年，闢潮州為通商口岸。[1]至同治紀元，始於汕頭開埠互市。[2]

汕頭於明代但稱沙汕，清康熙時曰沙汕頭，繼簡稱汕頭，嘉慶時稱沙汕頭港，同治後開埠稱汕頭埠，至民國十年設汕頭市政廳，乃稱汕頭市云。

1 中英《天津條約》訂立於一八五八年六月二十六日，即咸豐戊午五月十六日。一八六〇年十月二十四日互換。其第十一款略云:「牛莊、登州、台灣、潮州、瓊州等府城口，嗣後皆準英商任意與無論何人買賣。照通商五口（指廣州、福州、廈門、寧波、上海）無異」云。

2 見光緒癸卯二月初六《嶺東報》。

潮汕風物談

彭世獎　著

責任編輯　黃嗣朝
裝幀設計　譚一清
排　　版　賴艷萍
印　　務　劉漢舉

出版　中華書局（香港）有限公司
香港北角英皇道 499 號北角工業大廈一樓 B
電話：（852）2137 2338　傳真：（852）2713 8202
電子郵件：info@chunghwabook.com.hk
網址：http://www.chunghwabook.com.hk

發行　香港聯合書刊物流有限公司
香港新界荃灣德士古道 220-248 號
荃灣工業中心 16 樓
電話：（852）2150 2100　傳真：（852）2407 3062
電子郵件：info@suplogistics.com.hk

版次　1992 年 9 月初版
2022 年 9 月第二版
2024 年 3 月第二版第二次印刷

規格　32 開（190mm×130mm）

ISBN　978-962-231-797-0